Virginie Mor

# Théorie de la musique

# Pour les enfants

# ANDANTINO

# PRESENTATION

## L'auteur:

La pianiste française, Virginie MOROSAN, est diplômée de conservatoires et écoles nationales de musiques parisiennes ainsi que de l'université de Paris Sorbonne (France). Depuis 1997, elle exerce en tant que pédagogue, concertiste et compositrice.

Après avoir enseigné au sein des écoles de musique de Paris (France), elle développe le projet ANDANTINO afin de promouvoir la musique, notamment par l'enseignement, la création d'œuvres originales et de concerts. Elle étend ensuite son projet en Roumanie, puis en Floride (USA) depuis 2013.

A des fins pédagogiques, elle est entre autre l'auteur d'une méthode de piano pour débutants, d'un recueil de 22 pièces pour piano dont 15 solos et 7 quatre mains, de 15 chansons pour enfants, d'une théorie musicale pour débutants et de cette théorie de la musique pour les enfants.

## Le livre:

Ce livre est spécialement conçu pour les enfants débutants l'apprentissage de la musique. Chaque leçon est présentée sous forme d'**activités** et de **jeux**. Ainsi, apprendre la musique est **facile** et **amusant**!

Les jeunes élèves découvriront les clés de SOL et de FA, les valeurs de notes et de silences, les altérations, le rythme, les gammes, les instruments, le chant, l'oreille musicale ainsi que la partition dans son ensemble.

Voici les outils nécessaires:

**Un crayon      une boîte de crayons de couleur**

**Une gomme      une règle**

L'utilisation du stylo n'est pas recommandée (car difficilement effaçable).
Un cahier **bien entretenu** participe à un apprentissage agréable et efficace!

# C'est parti!

Ce livre appartient à:

..............................................

# La clé de SOL

Les notes musicales sont lues à partir d'une **portée**.
La portée est constituée de **5 lignes horizontales**.

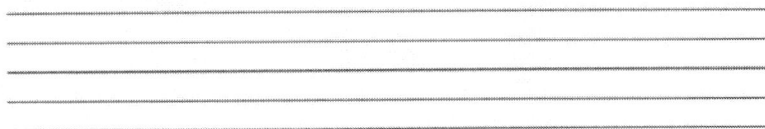

Pour lire les notes de la portée, on utilise une clé. La **clé de sol** permet de lire les notes des **registres medium et aigu**. Le violon, la flûte, le xylophone, la guitare, la harpe et le piano font partie des instruments qui utilisent cette clé.

Voici la **clé de sol**:

Pour faire une clé de sol, tu dois commencer sur la **seconde ligne** comme sur l'exemple ci-dessous. Regarde puis trace quelques clés de sol. N'oublie pas de commencer sur la seconde ligne!

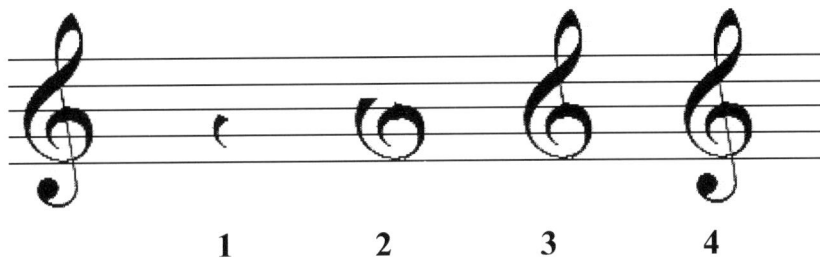

1  2  3  4

# La clé de sol: le SOL

La clé de sol met en évidence la seconde ligne, la ligne du **sol**. A partir du **sol**, on peut lire les autres notes.

Voici le **sol**:

**Dessine** le sol:

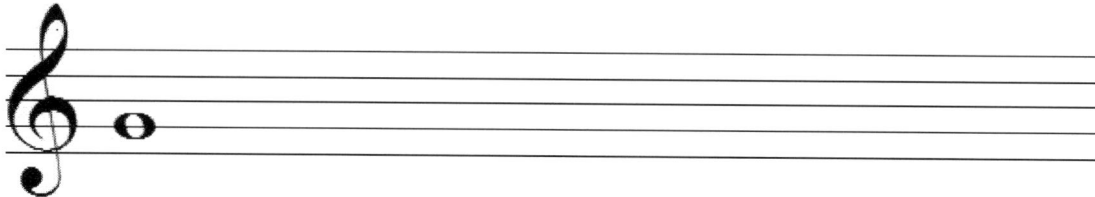

**Teste** tes connaissances avec ce quiz!

1. Combien de lignes forment la portée?
   - ☐ 6
   - ☐ 5
   - ☐ 4

2. Où commence la clé de sol?
   - ☐ Sur la première ligne
   - ☐ Sur la quatrième ligne
   - ☐ Sur la deuxième ligne

3. Quelle note est sur cette ligne?
   - ☐ la
   - ☐ sol
   - ☐ do

# A TOI DE JOUER!

**Dessine** des clés de sol et des notes sol:

**Trouve** la bonne sortie:

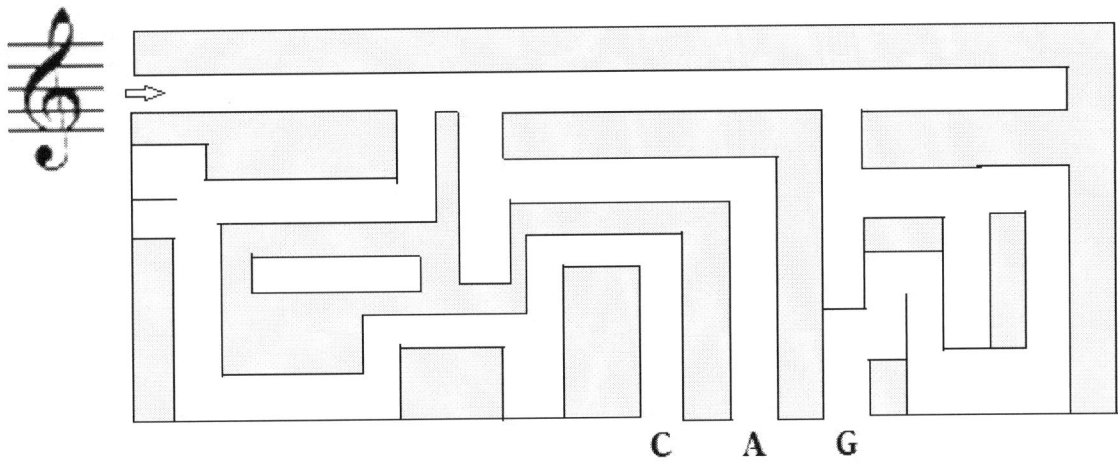

C   A   G

# La clé de sol : le DO

Tu connais déjà la **clé de sol** et le **sol**.

Maintenant apprends la note **do**: elle est sur une **ligne ajoutée sous la portée**.

**Dessine** le do:

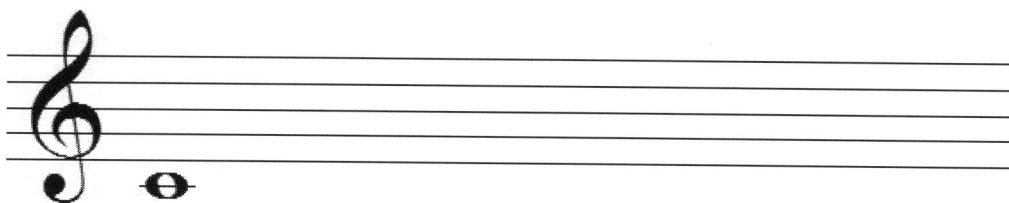

# A TOI DE JOUER!

**Relie** les cercles entre eux pour former une phrase de 8 mots, puis écris-la ci-dessous :

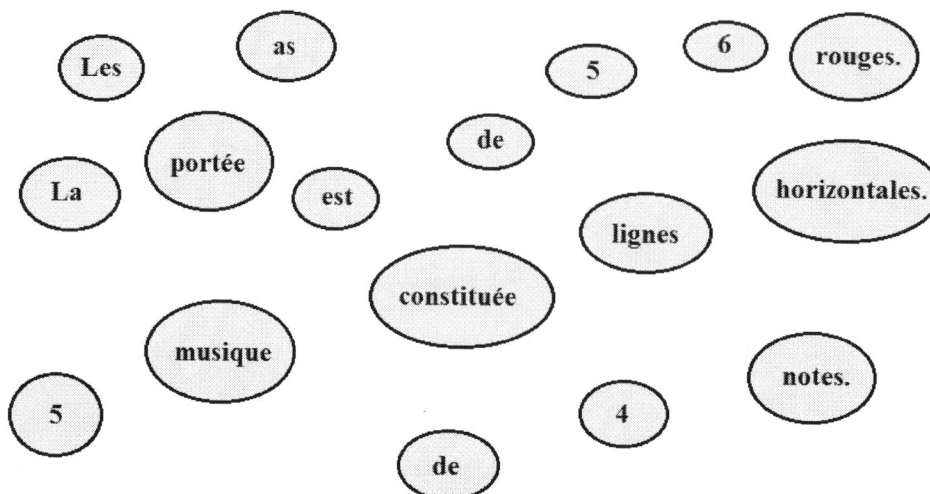

..........................................................................................................

# La clé de sol: le MI

Le **mi** est situé **sur la première ligne** de la portée.

Voici le **mi**:

**Dessine** le mi:

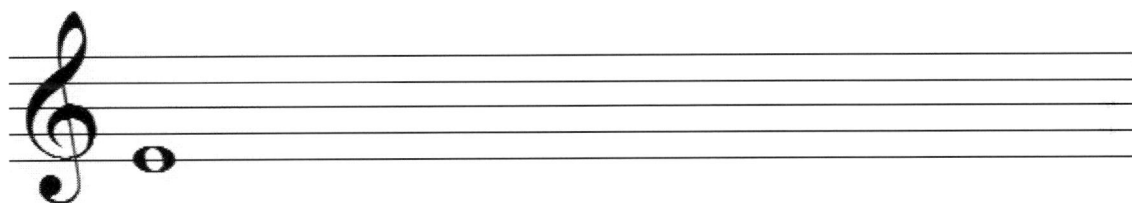

# A TOI DE JOUER!

**Colorie** les notes **do** en rouge, **sol** en vert et **mi** en bleu:

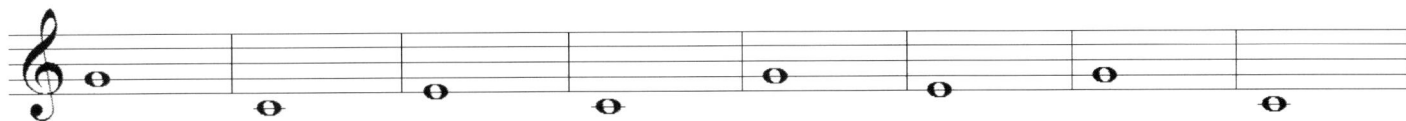

**Relie** les notes à leur nom:

• Mi

• Do

• Sol

**Dessine** les notes demandées:

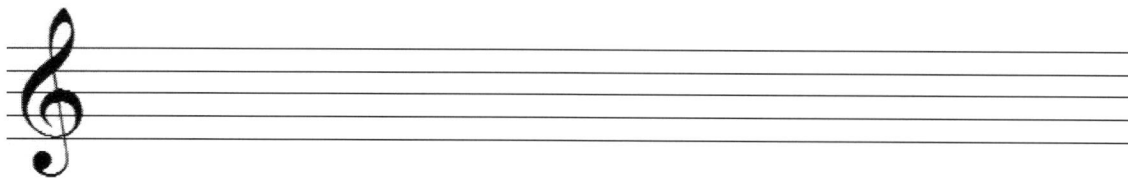

sol        do        mi        do        sol        mi

**Ecris** les mots manquants:

Avec la clé de sol, le **sol** est sur la _____ ligne et le **mi** est sur la _____ ligne. Le **do** est sous la portée sur une _____ ajoutée.

# La clé de sol: le RE

Le **ré** est situé **sous** la portée.

Voici le **ré**:

**Dessine** le ré:

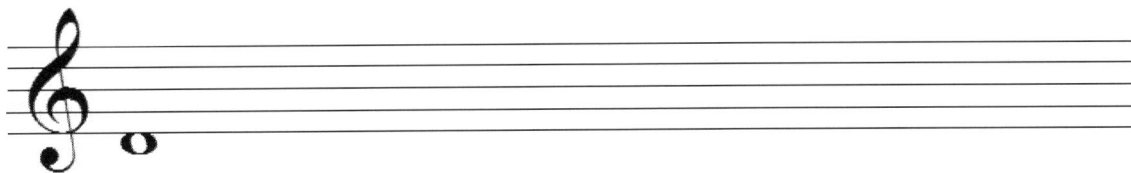

# A TOI DE JOUER!

**Colorie** les notes **do** en rouge, **sol** en vert, **mi** en bleu et **ré** en jaune.

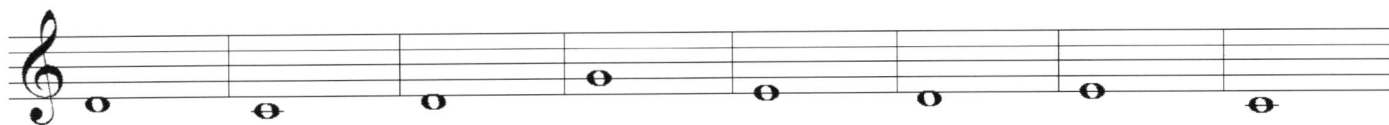

**Vrai ou faux?** Corrige les erreurs!

| | |
|---|---|
| 1. La clé de sol commence sur la première ligne. | ☐ |
| 2. Le sol est sur la deuxième ligne. | ☐ |
| 3. Le mi est sur la deuxième ligne. | ☐ |
| 4. Le ré est sous la première ligne de la portée. | ☐ |
| 5. Le do est sur une ligne ajoutée au-dessus de la portée. | ☐ |

# La clé de sol: le FA

Le **fa** est situé juste **au-dessus de la première ligne**.

Voici le **fa**:

**Dessine** le fa:

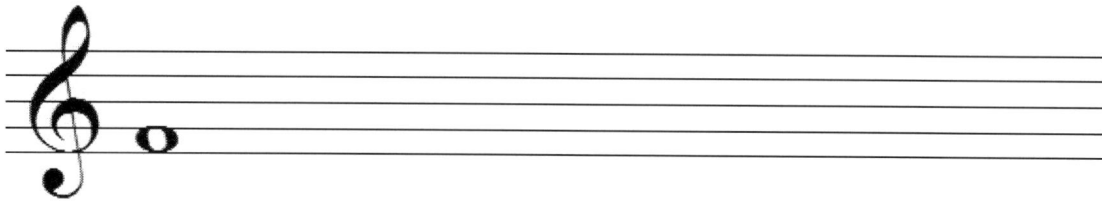

## LE SAVAIS-TU?

Le **piano** est un **instrument à cordes**, car il utilise des cordes, mais aussi un **instrument à percussion**, car les marteaux frappent les cordes quand les touches sont enfoncées.
Sais-tu d'où le nom "piano" provient?

Les premiers pianos s'appelaient *pianoforte*. Le *pianoforte* fut inventé au 18ᵉ siècle en Italie. En Italien, "forte" signifie fort et "piano" signifie doux. Ce nouvel instrument à clavier fut ainsi nommé en raison de son habilité à produire des nuances, c'est à dire des sons de très doux à très fort. Par la suite, ces instruments furent appelés simplement *piano*.

Le piano est un instrument à **clavier.** Il existe d'autres instruments à clavier comme l'orgue ou le clavecin.
Le clavier est formé de touches blanches et noires. Deux touches noires alternent avec trois touches blanches.

Regarde le clavier ci-dessous et continue le dessin.

**Amuse-toi!**

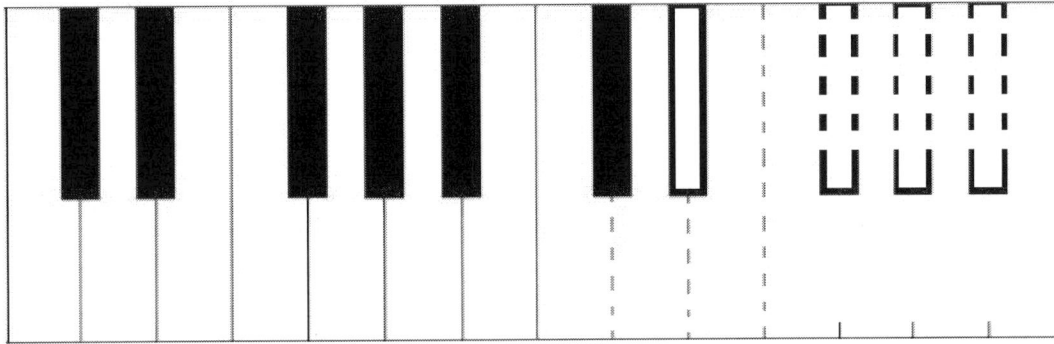

Il existe deux sortes de piano; le **piano à queue** et le **piano droit**.
Le piano droit apparut au 19$^e$ siècle pour les personnes qui désiraient un instrument moins encombrant (dans un appartement par exemple).

**Ecris** les mots "piano à queue" et "piano droit" sous la bonne image :

P_ _ _ _ _ _ _ _ _ _ _

P_ _ _ _ _ _ _ _ _

Complete le texte suivant avec les mots: **piano droit, 18$^e$ siècle, fort, doux, pianoforte (2), piano** et **piano à queue**.

Les premiers pianos sont apparus durant le ............................. Ils étaient appelés

................................................. car ils pouvaient produire des sons de très

.............. à très ................... Avec le temps les .........................................

évoluèrent et furent simplement nommés .........................................................

Ils existent deux sortes de pianos: le ...................................................... et le

............................................. qui apparut durant le 19$^e$ siècle.

**Colorie** ce piano à queue. Amuse-toi!

# La clé de sol: DO, RE, MI, FA et SOL

Tu connais déjà toutes ces notes:

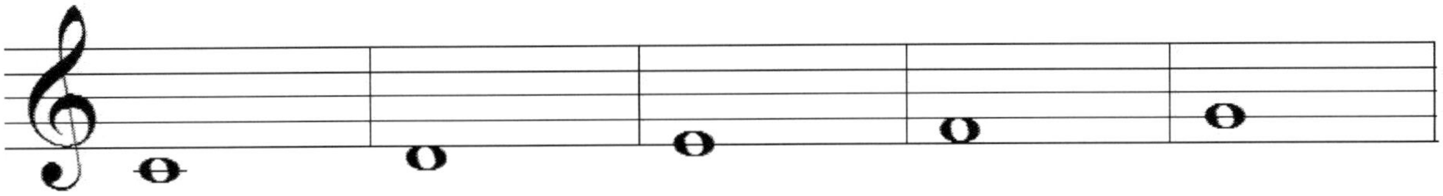

do     ré     mi     fa     sol

**Copie** les notes **do**, **ré**, **mi**, **fa** et **sol** comme dans l'exemple ci-dessus:

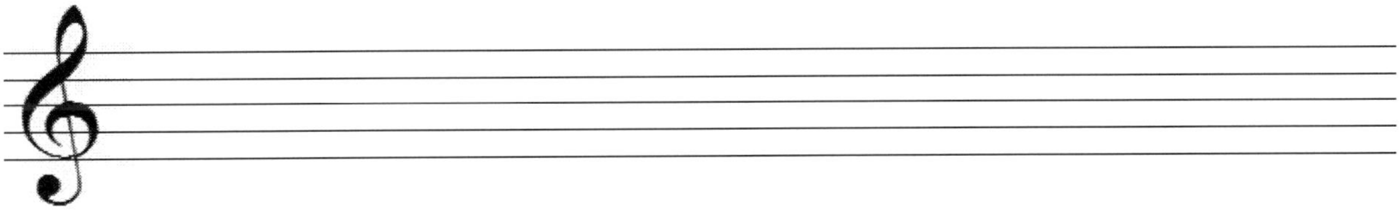

**Ecris** les notes demandées:

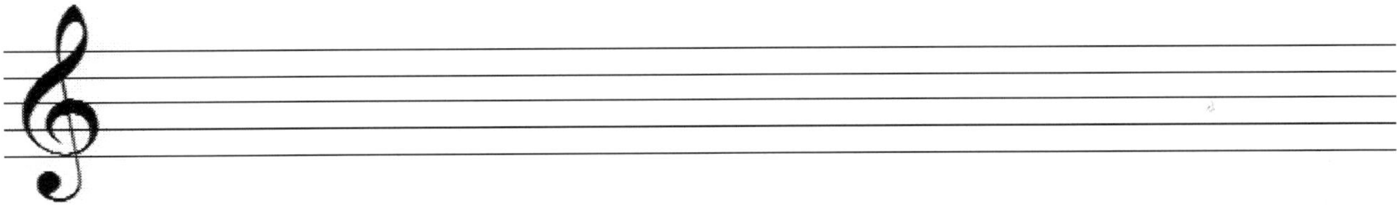

do     sol     mi     fa     ré     fa

## A TOI DE JOUER!

**Trouve** la bonne sortie!

sol

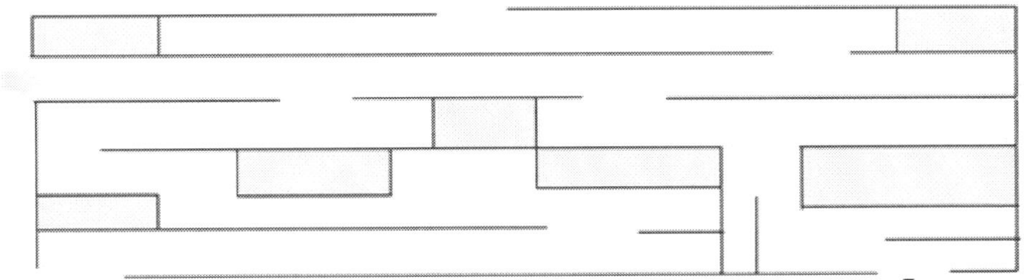

ré             do

# Les valeurs de notes (1)

La valeur des notes indique la **durée** des notes en changeant la couleur ou la forme de la **figure de note**, et / ou en ajoutant une **hampe**, et / ou un **crochet**.

La durée d'une note est basée sur le nombre de **temps**. Le temps est défini par le **chiffrage** et le **tempo** de la musique.
Ces notions seront développées plus tard dans ce livre.

Voici quelques valeurs de note:

| | | | |
|---|---|---|---|
| La **ronde** | ○ | dure | **4** temps |
| La **blanche** | ♩ | dure | **2** temps |
| La **noire** | ♩ | dure | **1** temps |
| La **croche** | ♪ | dure | **½** temps |

# A TOI DE JOUER!

**Entoure** de la même couleur les mêmes valeurs.

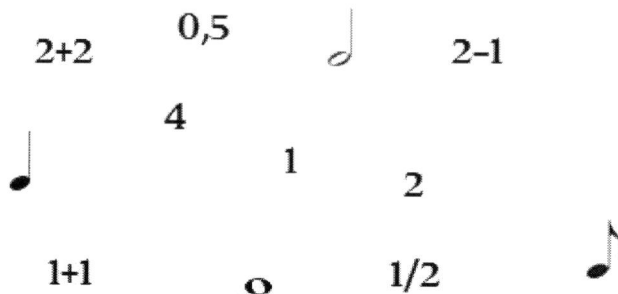

2+2

0,5

♩

2-1

4

♩

1

2

1+1

○

1/2

♪

**Complète** ce schéma avec les mots: croche, figure de note et hampe.

.................................... _____

_____ ____

.................................... ____

**Complète** les phrases suivantes avec les mots :

- ronde
- blanche
- noire
- croche

La ............................................. dure 2 temps.

La ............................................. dure 4 temps.

La ............................................. dure1/2 temps.

La ............................................. dure 1 temps.

**Relie** chaque note à sa valeur:

o •                              • 4 temps

♩ •                              • ½ temps

♪ •                              • 2 temps

♩ •                              • 1 temps

# CHANTONS !

Voici une chanson très connue d'origine **américaine** et datant du 19ᵉ siècle. Cette comptine fut publiée pour la première fois par la Boston publishing firm Marsh, Capen & Lyon, comme poème original de **Sarah Josepha Hale** le 24 mai 1830.

## Mary had a little lamb

**Lis** les notes puis **chante** la chanson. Tu peux essayer de chanter la chanson avec le nom des notes. C'est un excellent exercice pour former ton oreille musicale.

**Copie** cette chanson sur la portée ci-dessous:

# La clé de sol: le LA

Le **la** est situé au-dessus de la deuxième ligne (la lige du sol):

**Dessine** le la:

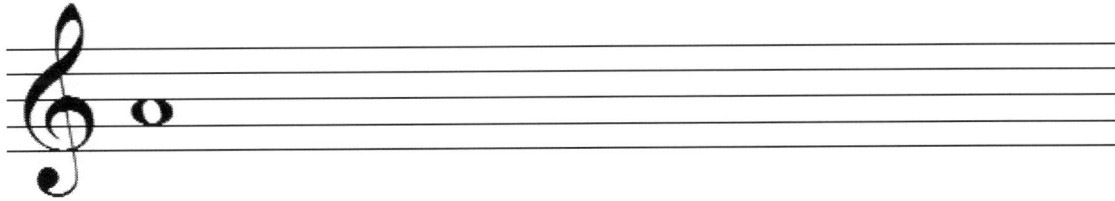

# LE SAVAIS-TU?

La **guitare** est un instrument à cordes très populaire. La guitare moderne a six cordes ainsi accordées: mi, la, ré, sol, si et mi. Il existe différentes sortes de guitares: ancienne, classique, folk, électrique, flamenco, gipsy, hawaiienne…

Voici les notes d'un accord classique d'une guitare:

mi   la   ré  sol  si   mi

**Colorie** cette guitare classique. Amuse-toi!

# La clé de sol: le SI

Le **si** est **sur la ligne du milieu** de la portée:

**Dessine** le si:

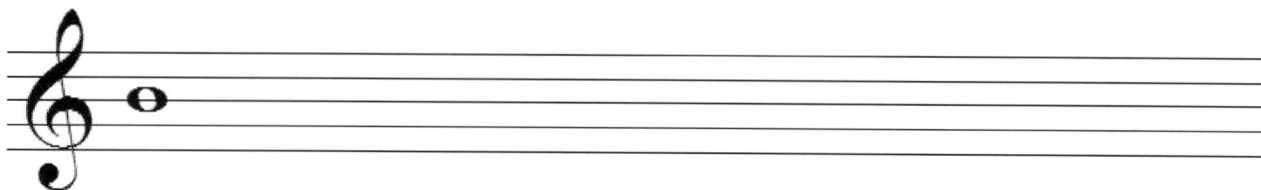

## A TOI DE JOUER!

**Relie** à la bonne réponse:

• la

• si

• sol

# La clé de sol: le DO aigu

Le **do plus aigu** est situé **au-dessus de la ligne du milieu** de la portée:

**Dessine** le do aigu:

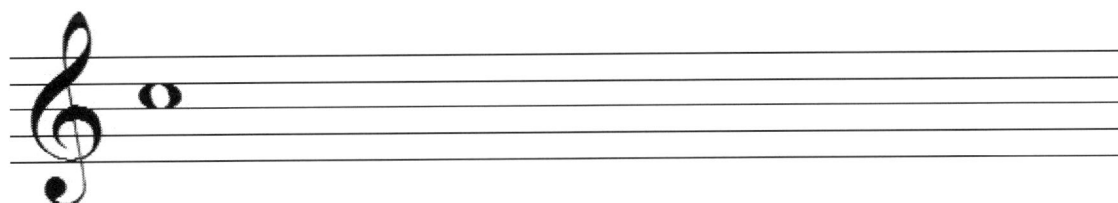

# A TOI DE JOUER!

**Colorie** toutes les notes **do** en rouge, **sol** en vert, **mi** en bleu, **la** en jaune, **fa** en violet et **si** en rose.
Ensuite, tu peux écrire le nom de chaque note sur les lignes pointillées.

...   ...   ...   ...   ...   ...   ...   ...   ...   ...

...   ...   ...   ...   ...   ...   ...   ...   ...   ...

# La clé de sol: DO, RE, MI et FA

Apprenons d'autres notes situées sur la **partie supérieure** de la portée :

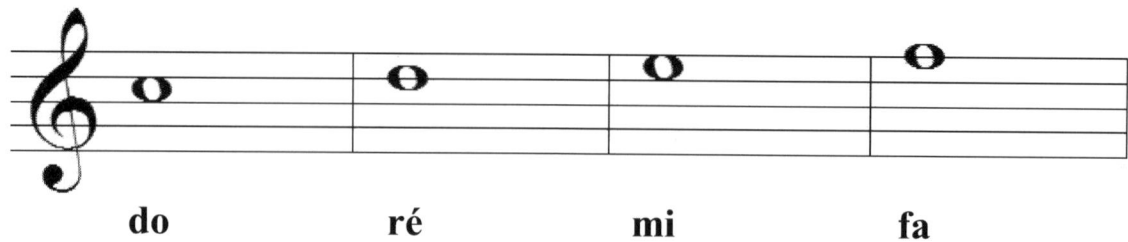

**do**         **ré**         **mi**         **fa**

**Copie** ces notes sur la portée ci-dessous :

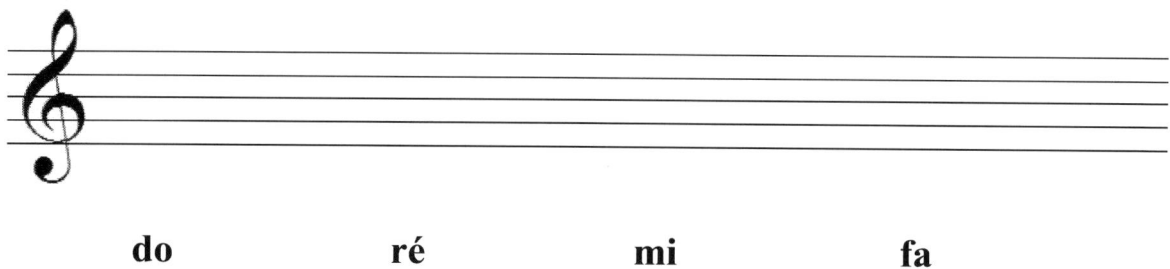

**do**         **ré**         **mi**         **fa**

**Dessine** le ré:

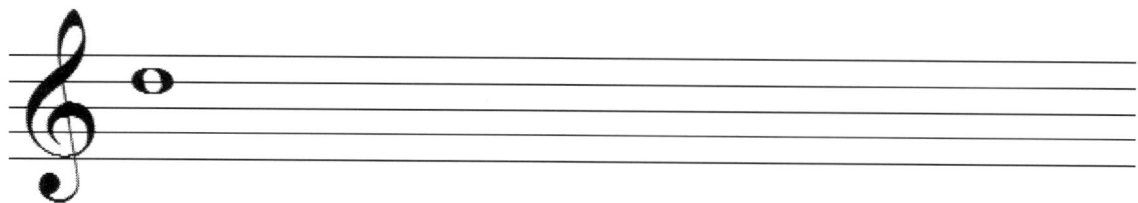

**Dessine** le mi:

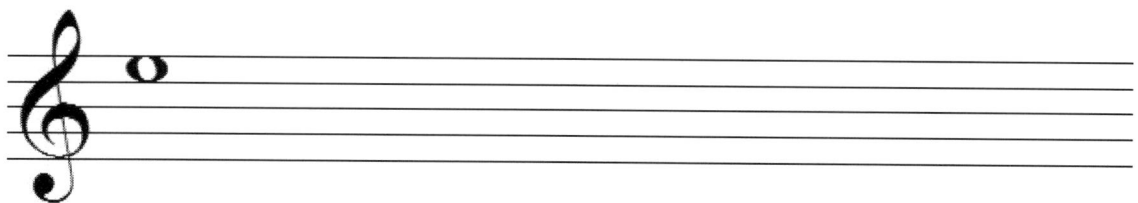

**Dessine** le fa:

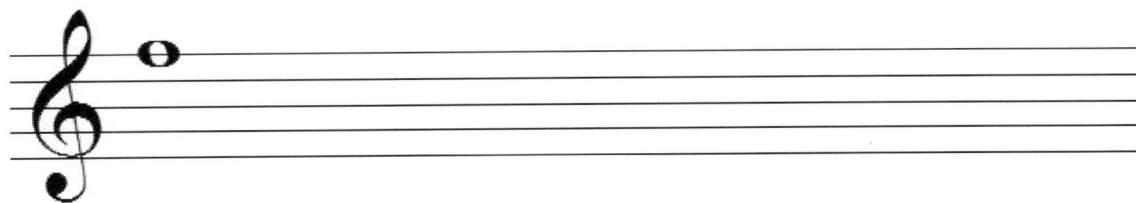

# LE SAVAIS-TU?

En musique, les nuances sont des signes notés sur la partition qui indiquent avec quelle intensité doit être jouée la musique. Depuis le 18ᵉ siècle, les compositeurs notent les nuances au moyen de divers termes italiens — la plupart du temps, seules leurs abréviations sont utilisées — et de quelques autres signes, placés au-dessus ou au-dessous de la portée.

**Apprenons** quelques signes de nuance, les plus couramment utilisées :

**pp**, *pianissimo*, signifie **très doux**.

**mf**, *mezzo forte*, signifie **assez fort**.

**p**, *piano*, signifie **doux**.

**f**, *forte*, signifie **fort**.

**mp**, *mezzo piano*, signifie **assez doux**.

**ff**, *fortissimo*, signifie **très fort**.

**Relie** chaque signe de nuance à sa signification :

pp •                                    • Doux

ff •                                     • Très fort

p •                                      • Très doux

mp •                                    • Fort

f •                                      • Assez doux

mf •                                    • Assez fort

# La clé de sol: les notes sur la portée

Voici toutes les notes de la clé de sol que tu connais déjà! A part les premiers do et ré, elles sont toutes sur la portée.

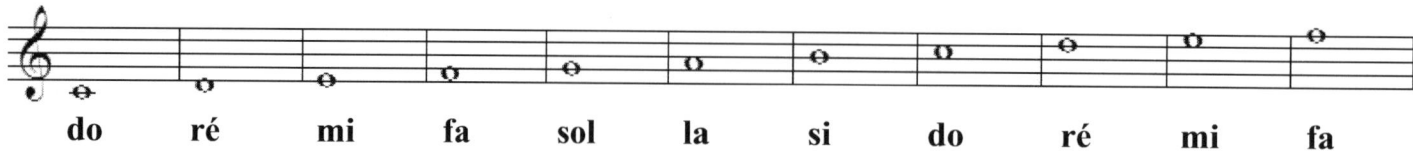

do ré mi fa sol la si do ré mi fa

**Ecris** ces notes sur la portée ci-dessous:

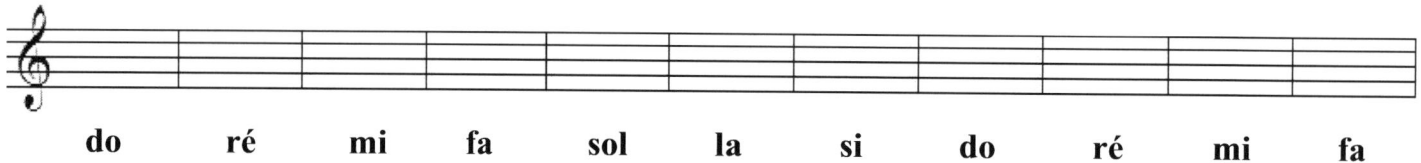

do ré mi fa sol la si do ré mi fa

Relie d'abord la leçon précédente sur **la valeur des notes**.
Ensuite, lis les notes ci-dessous. N'oublie pas le **rythme**!
**Compte la pulsation régulièrement**: pour une blanche, dis "2" après la note et pour une ronde, dis "2 3 4" après la note. Attention, la noire dure 1 seul temps, tu as donc juste le temps de dire le nom de la note sur le temps! Quelques exemples te sont proposés.

**do** 2

**do re** ... 2 ....2 3 4

# A TOI DE JOUER!

**Colorie** de la même couleur les mêmes valeurs de temps:

| RONDE | BLANCHE | NOIRE |
|---|---|---|

| 2 temps | ♩ (blanche) | 1 temps | 4 temps |
|---|---|---|---|

| CROCHE | ♩ (noire) | o (ronde) | ½ temps | ♪ (croche) |
|---|---|---|---|---|

**Trouve** les mots suivants:

| NOTE | PIANO | GUITARE | RYTHME | CLEF DE SOL | RONDE |
|---|---|---|---|---|---|
| CROCHE | NOIRE | APPRENDS | PORTEE | ECOUTE | JOUE |

Attention, les mots peuvent se croiser !

```
A  F  P  Q  J  Y  P  E  A  R  T
G  U  I  T  O  R  N  O  T  E  H
P  U  H  A  U  F  N  I  T  E  N
I  S  R  H  E  X  E  W  M  G  S
A  C  L  E  D  E  S  O  L  E  F
N  R  G  L  N  O  L  P  B  I  W
O  O  P  K  I  H  S  L  C  L  H
F  C  A  P  P  R  E  N  D  S  F
F  H  O  B  L  K  T  Y  F  A  E
M  E  L  N  P  O  R  T  E  E  C
C  X  E  J  Y  V  N  W  N  N  O
R  Y  T  H  M  E  M  O  C  U  U
P  R  G  U  I  T  A  R  E  Z  T
R  O  N  D  E  R  N  O  I  R  E
```

# Clef de sol: les notes au-dessus de la portée

Apprenons quatre nouvelles notes, toutes situées au-dessus de la portée:

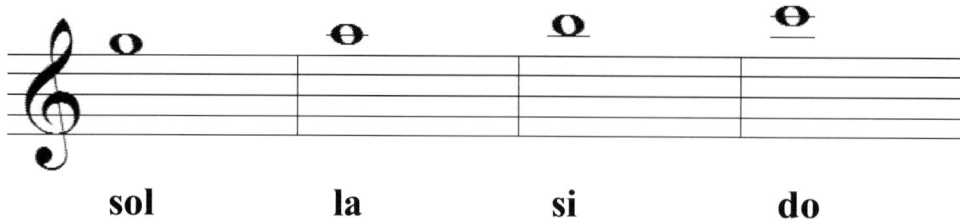

sol          la          si          do

**Dessine** ces notes ci-après (**au-dessus** de la portée):

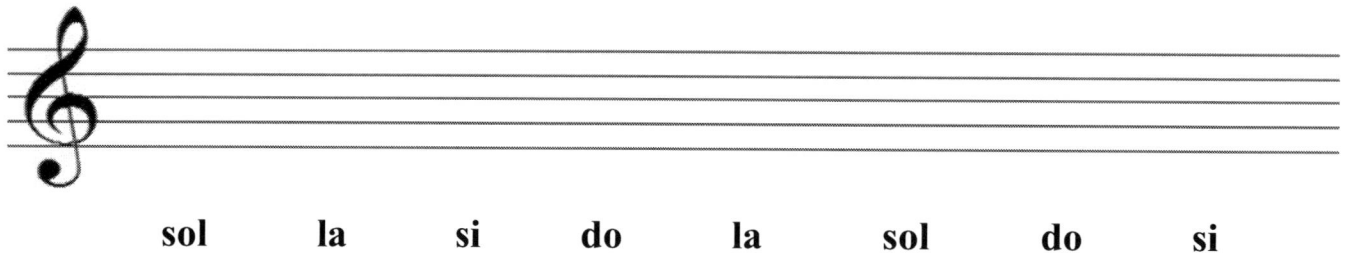

sol    la    si    do    la    sol    do    si

## A TOI DE JOUER!

D'après les pointillés, dessine ce symbole musical:

Quel est son nom? ...............................................................................

# LE SAVAIS-TU?

C'est facile de connaitre les notes du **clavier**.

Le clavier est une série de **touches blanches** et **noires**.
Les touches noires sont disposées alternativement en groupe de **deux** et de **trois**. Devant chaque groupe de **deux touches noires** se trouve le **do**. De même, devant chaque groupe de **trois touches noires** se trouve le **fa**. Ainsi, c'est facile de repérer les notes du clavier.

**Regarde** le clavier ci-dessous:

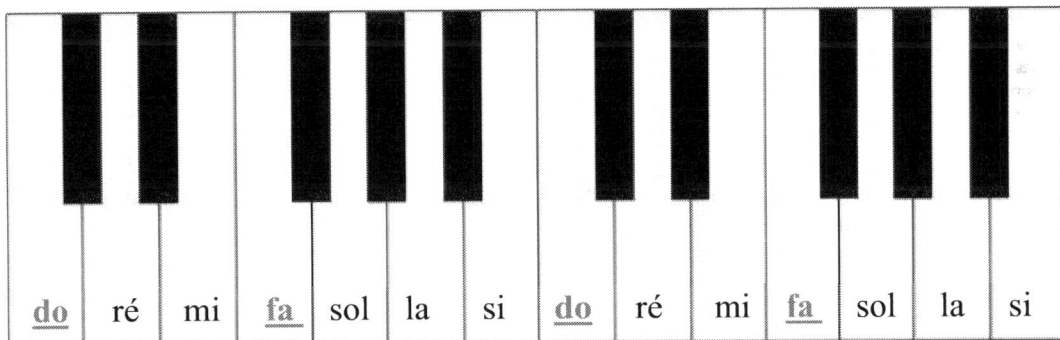

| do | ré | mi | fa | sol | la | si | do | ré | mi | fa | sol | la | si |

**Ecris** le nom des notes sur le clavier ci-dessous. Commence par écrire en **rouge** les notes **do** et **fa**. Ecris ensuite les autres notes.

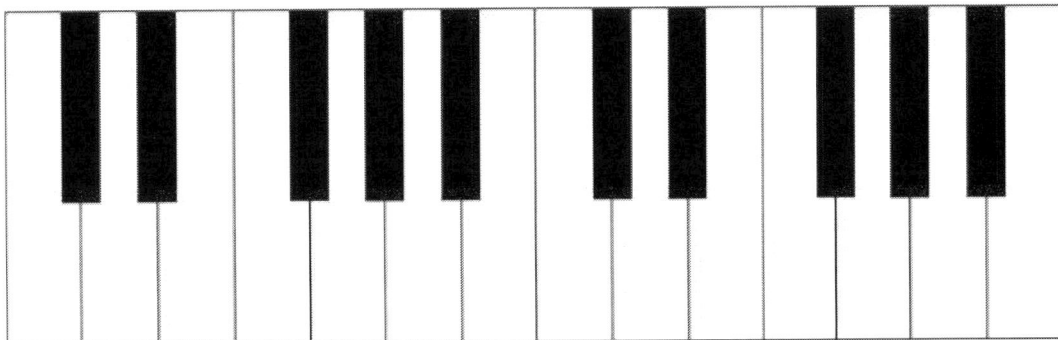

# CHANTONS !

« **Ah ! Vous dirai-je, maman** » est une chanson enfantine populaire en France et dans le monde. Selon Henri Davenson, le point de départ est une bergerie anonyme datant de 1740 et les paroles enfantines sont plus récentes. Cette mélodie a été popularisée par douze variations de **Wolfgang Amadeus Mozart**, à qui on attribue souvent, à tort, la composition de la mélodie elle-même.

## Ah! Vous dirai-je, maman

Ah ! Vous di - rai - je, ma - man      Ce qui cau - se      mon tour - ment.

Pa - pa veut que      je rai - sonne,      Comme u - ne gran -      de per - sonne.

Moi, je dis que      les bon - bons      Va - lent mieux que      la rai - son.

**Lis** les notes puis **chante** la chanson. Tu peux essayer de chanter la chanson avec le nom des notes. C'est un excellent exercice pour former ton oreille musicale.

**Copie** cette chanson sur la portée ci-dessous:

# La clé de sol: les notes sous la portée

Apprenons quatre nouvelles notes, toutes situées sous la portée. Commençons par le do que tu connais déjà.

do       si       la       sol

**Dessine** ces notes ci-après (sous la portée):

do    si    la    sol    do    la    si    sol

## A TOI DE JOUER!

**Ecris** ces mots dans l'ordre correct pour former une phrase:

Sur – clavier – le – le – do – trouve – se – noires – devant – touches - deux

.............................................................................

# La clé de sol: lecture de notes

**Relis les pages précédentes** puis réalise l'activité ci-après.
**Entoure** toutes les notes **do** en rouge, **mi** en bleu, **sol** en vert et **si** en rose.
Ensuite **lis** ces notes et n'oublie pas de compter les temps.

## A TOI DE JOUER!

Combien de notes sont cachées dans l'image suivante?

Rondes …        Blanches …        Noires …        Croches …

# Rythme: les silences (1)

En musique, même le silence a son propre symbole sur la portée. Cela fonctionne comme avec les notes:

| Temps | Note | Symbole | Silence | Symbole |
|-------|------|---------|---------|---------|
| 4 | Ronde | o | Pause | ▬ |
| 2 | Blanche | ♩ | Demi-pause | ▬ |
| 1 | Noire | ♩ | Soupir | ↋ |
| 1/2 | Croche | ♪ | Demi-soupir | ↱ |

**Complète** les phrases suivantes:

Le symbole du ..................... est ↋ et il dure ....... temps.

Le symbole de la ................... est ▬ et elle dure ....... temps.

Le symbole du .......................... est ↱ et il dure ....... temps.

Le symbole de la ......................... est ▬ et elle dure ........ temps.

**Dessine** des pauses. Attention, tu dois dessiner la pause sous la 4ᵉ ligne de la portée:

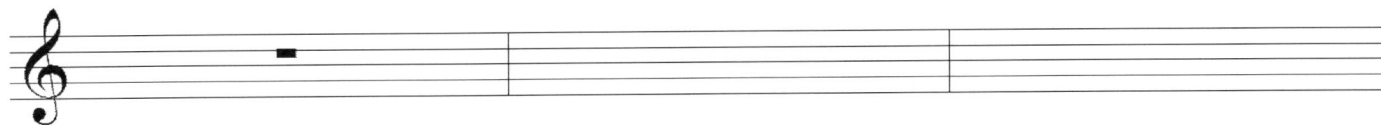

**Dessine** des demi-pauses. Attention, tu dois dessiner la demi-pause sur la 3ᵉ ligne de la portée :

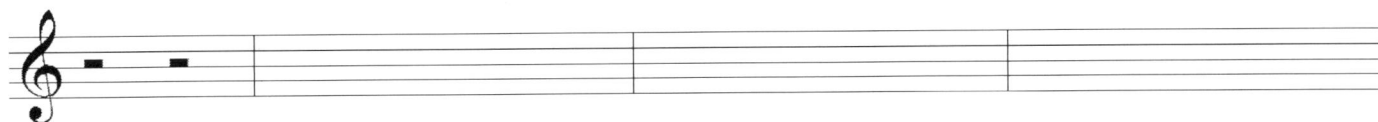

**Dessine** des soupirs:

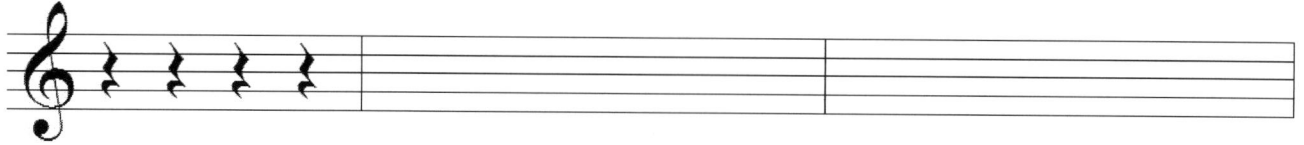

**Dessine** des demi-soupirs:

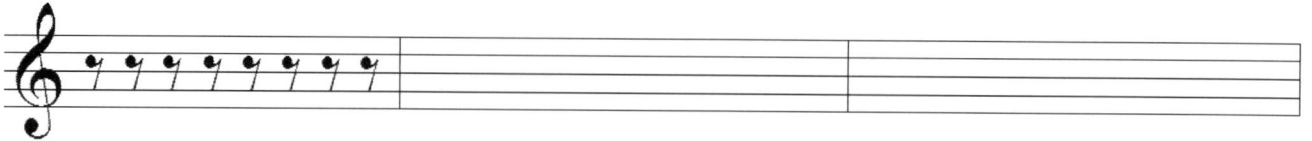

# A TOI DE JOUER!

**Relie** les bulles dans le bon ordre pour former une phrase de 5 mots.
Ensuite, écris cette phrase:

pas

dure

4

soupirs.

ronde

3

5

La

temps.

noire

croche

........................................................................................................................................................

# LE SAVAIS-TU!

Le violon a une grande famille. Du plus aigu au plus grave, et du plus petit au plus grand, ces instruments sont:

Le violon
L'alto
Le violoncelle
La contrebasse

**Ecris** le nom de ces instruments sous les images correspondantes:

Will 16

V _ _ _ _ _

A_ _ _

*Mark Kamin*

*Hannes Neumann*

(au premier plan) V _ _ _ _ _ _ _ _ _ _          C _ _ _ _ _ _ _ _ _ _

**Colorie** cette contrebasse.

Voici les notes de ses quatre cordes à vide:

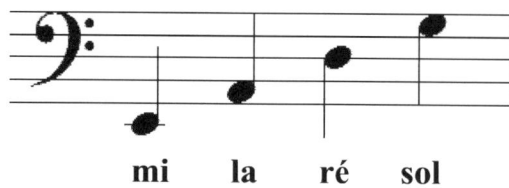

mi    la    ré    sol

**Amuse-toi!**

# Lecture des notes de la clé de sol

**Lis** les notes sur la portée ci-après. Les points sous la portée symbolisent le temps.

1)

2) **Deux soupirs** ont été ajoutés. Tu peux matérialiser ce temps de silence en disant "chut":

3) Maintenant, **deux demi-soupirs** ont été ajoutés:

4) **Une demi-pause** a été ajoutée:

5) **Une pause** a été ajoutée:

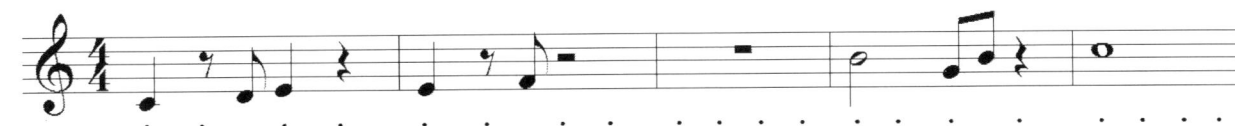

# A TOI DE JOUER!

**Trouve** le bon chemin:

**1/2 temps**

**1 temps**

**Trouve** et entoure les 4 différences:

# La clé de FA

La **clé de fa** est utilisée pour noter les registres **medium et grave**. De nombreux instruments utilisent cette clé comme le piano, la guitare, le violoncelle, la contrebasse, le basson, le cor d'harmonie, la clarinette basse … et même le violon pour ses notes les plus graves qui appartiennent au registre médium.

La clé de fa commence sur la **4ᵉ ligne** de la portée:

Comment dessiner une **clé de fa**:

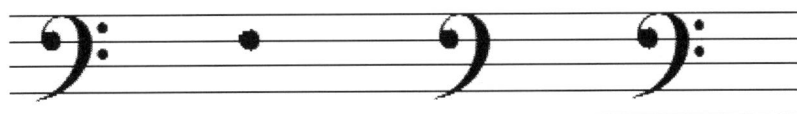

| | | |
|:---:|:---:|:---:|
| 1 | 2 | 3 |

**Dessine** des clés de fa:

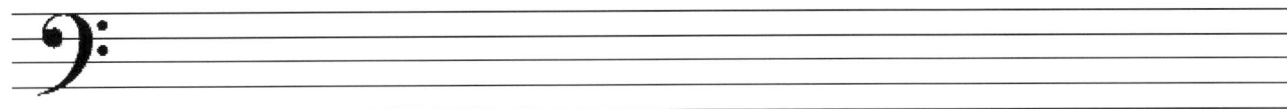

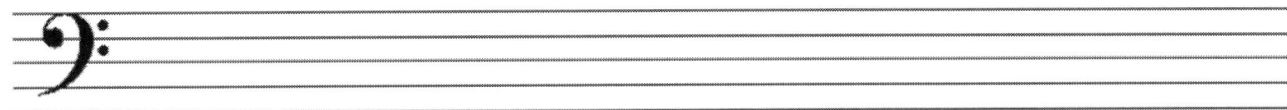

# La clé de fa: le FA

La clé de fa commence sur la **4ᵉ ligne** de la portée, c'est la **ligne de la note FA**.

Voici le **FA**:

**Dessine** le fa sur la portée ci-dessous:

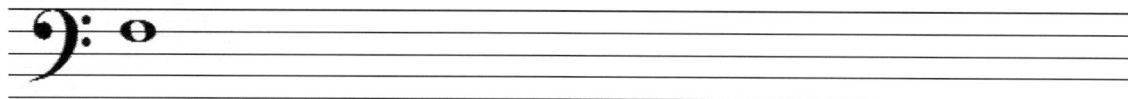

## A TOI DE JOUER!

**Vrai ou faux?** Corrige les erreurs!

| | |
|---|---|
| 1. La clé de sol commence sur la deuxième ligne de la portée. | ☐ |
| 2. La clé de fa commence sur la troisième ligne de la portée. | ☐ |
| 3. Le FA de la clé de fa est sur la deuxième ligne de la portée. | ☐ |
| 4. La clé de fa est utilisée pour noter des notes aigues. | ☐ |
| 5. La clé de sol est utilisée pour noter des notes graves. | ☐ |

**Regarde** le violon ci-dessous.

Les quatre cordes du violon sont accordées selon les notes suivantes:

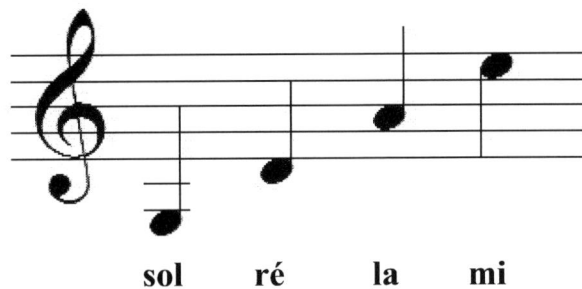

**sol    ré    la    mi**

Quelle sorte d'instrument est-ce?

Le ………………………. est un instrument à ………………………..

**Colorie**-le et amuse-toi!

# La clé de fa: le DO

Avec la **clé de fa**, le **do** est **au-dessus de la deuxième ligne**: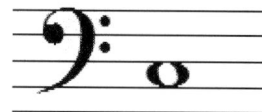

**Dessine** le do:

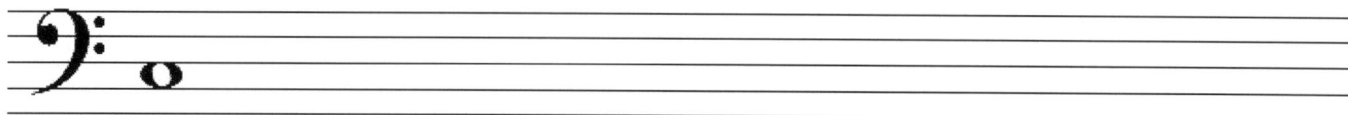

# A TOI DE JOUER!

**Colorie** le **fa** en bleu et le **do** en rouge:

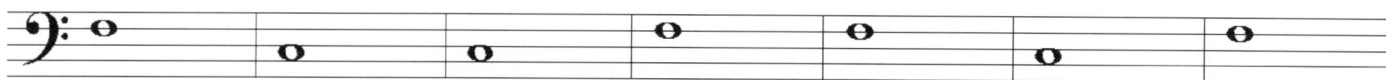

**Dessine** les notes demandées sur la portée ci-après:

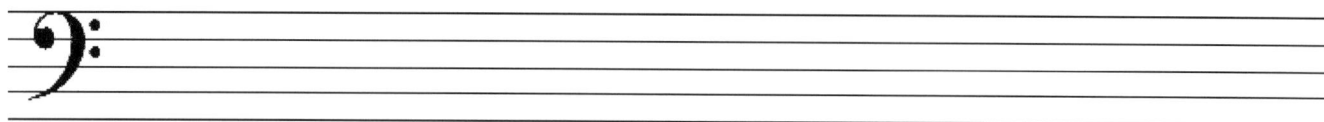

fa      do      do      fa      fa      do      fa

**Trouve** le bon chemin:

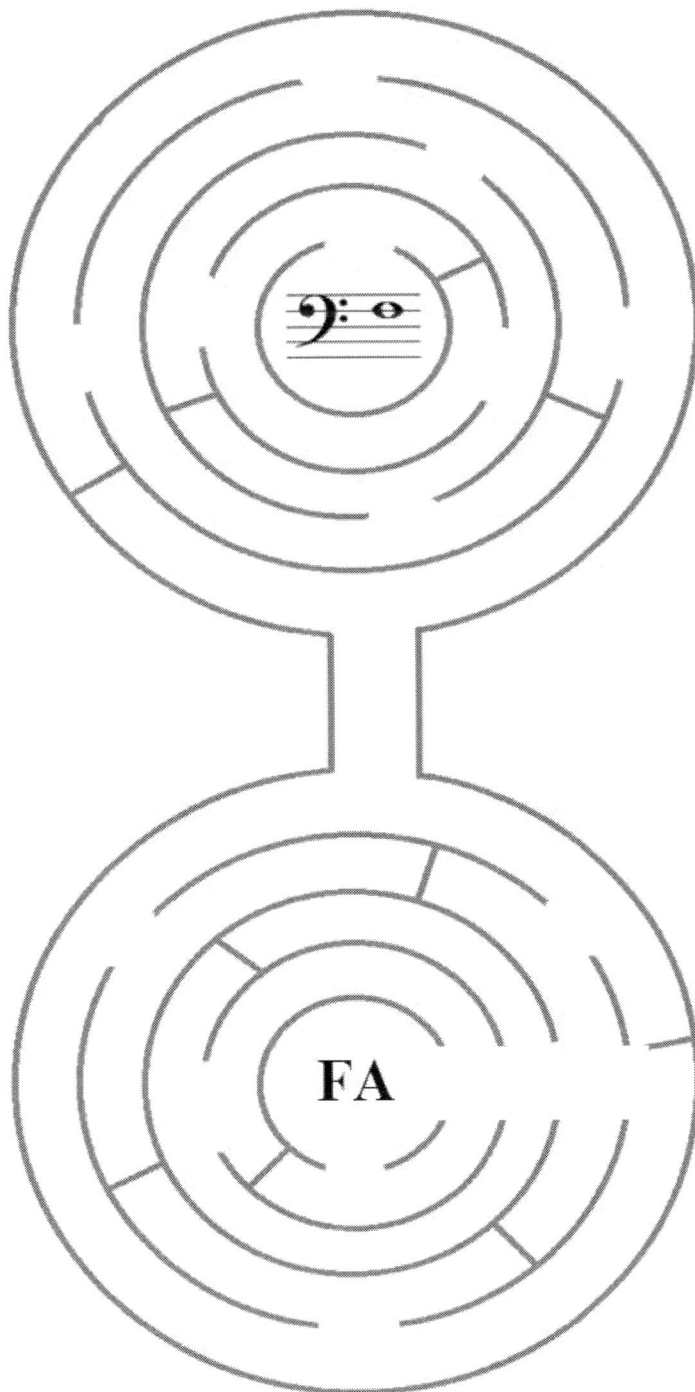

# La clé de fa: le RE

Avec la **clé de fa**, le **ré** est **sur la troisième ligne**: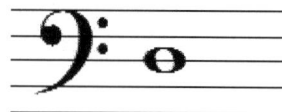

**Dessine** le ré:

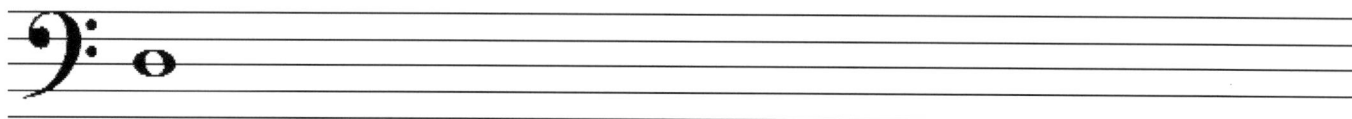

# A TOI DE JOUER!

**Colorie** le **fa** en bleu, le **do** en rouge et le **ré** en vert. Puis écris le nom des notes:

**Complète** les phrases suivantes avec ces mots: **sol, troisième, fa, note**.
Tu peux utiliser les mots deux fois si nécessaire.

Avec la clé de ......, la ........ **si** est sur la .................. ligne de la portée.

Avec la clé de ......, la ........ **ré** est sur la .................. ligne de la portée.

# La clé de fa: le MI

Avec la **clé de fa**, le **mi** est **au-dessus de la troisième ligne**:

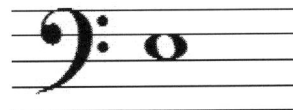

**Dessine** le mi:

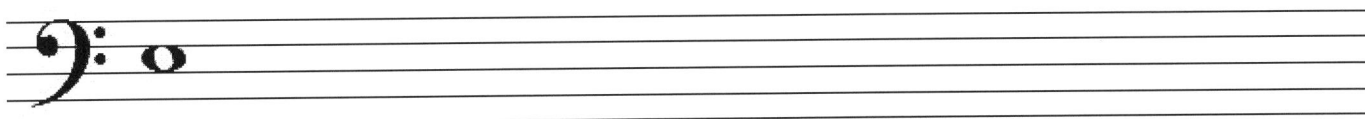

Désormais, avec la **clé de fa**, tu connais toutes ces notes: **do, ré, mi** et **fa**!

**Ecris** leur nom sur la portée ci-dessous:

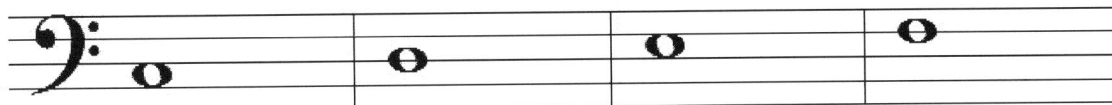

.....................................................................................................................

**Dessine** une **clé de fa** et les notes **do, ré, mi** et **fa** sur la portée ci-dessous:

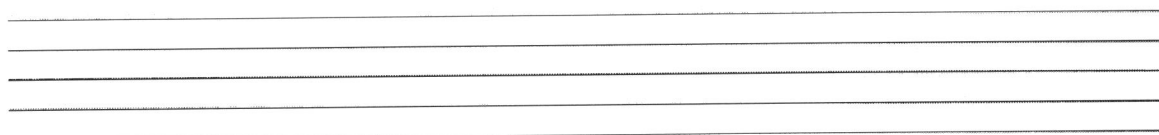

**Qui suis-je?**

Sur une partition pour piano, on m'utilise pour écrire les notes graves.

Je suis ........................................................................................

# CHANTONS !

Voici une chanson américaine pour enfant :"**Old MacDonald Had a Farm**". Elle est très connues et raconte l'histoire d'un fermier nomme MacDonald (or McDonald, Macdonald) et de tous les animaux qu'il élève dans sa ferme. Chaque strophe présente un animal différent et le son qu'il produit. Cette chanson a été publiée pour la première fois en 1917.

## Old MacDonald Had a Farm

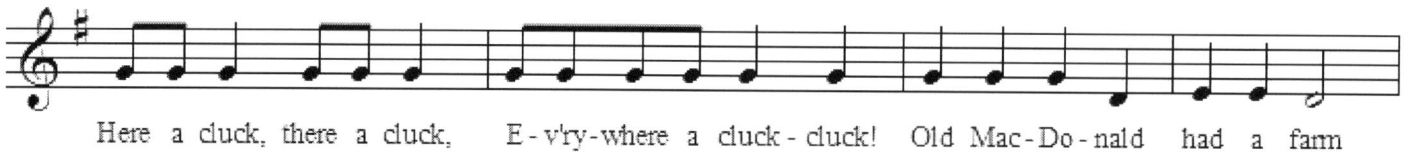

Old Mac-Do-nald had a farm ee i ee i oh! On his farm he

had some chicks ee i ee i oh! With a cluck-cluck here, And a cluck-cluk there,

Here a cluck, there a cluck, E-v'ry-where a cluck-cluck! Old Mac-Do-nald had a farm

ee i ee i oh!

**Lis** les notes puis **chante** la chanson. Tu peux essayer de chanter la chanson avec le nom des notes. C'est un excellent exercice pour former ton oreille musicale.

**Copie** cette chanson sur la portée ci-dessous:

# Exercices de rythme

Voici les notes que tu as appris à lire avec la **clé de fa**:

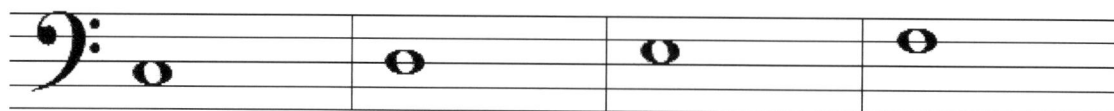

do        ré        mi        fa

Maintenant, et après avoir relu la leçon sur **la valeur des notes**, lis les notes des portées ci-dessous. Comme dans les exercices de rythme précédents avec la clé de sol, le point sous la portée symbolise le temps. Pour t'aider, tu peux lire les notes une première fois sans le rythme, puis recommencer en respectant le rythme et en comptant les temps.

Commence par le premier exercice. Puis, quand tu le connais bien, réalise le second. Ensuite, quand tu connais bien le second exercice, tu peux faire le troisième.

Attention, la **pulsation** (= *la répétition régulière du temps*) doit être **régulière et modérée.**

# La clé de fa: le SOL

Avec la **clé de fa**, la note **sol** est au-dessus de la **quatrième** ligne (la ligne du fa):

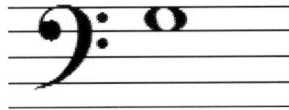

**Dessine** le sol:

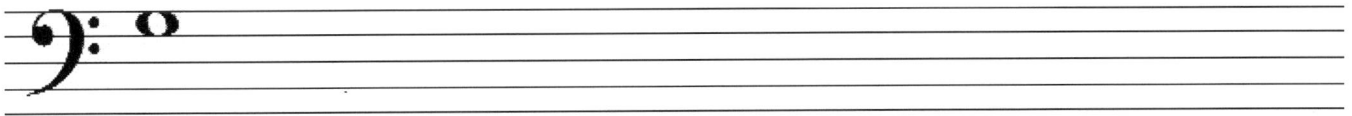

# A TOI DE JOUER!

**Relie** les notes à leur nom:

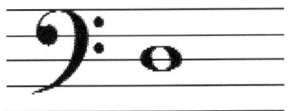

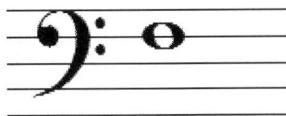

do

ré

mi

fa

sol

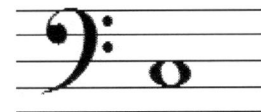

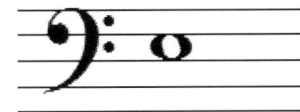

# La clé de fa: le LA

Avec la **clé de fa**, le **la** est **sur la cinquième ligne**:

**Dessine** le la:

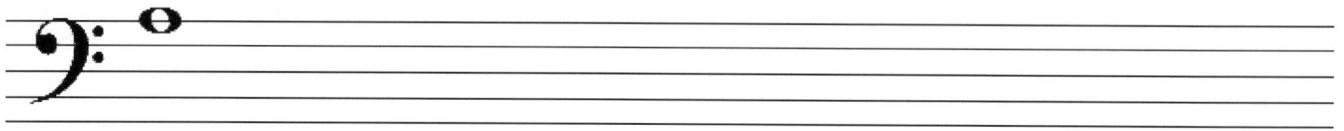

## A TOI DE JOUER!

**Colorie** le **fa** en bleu, le **do** en rouge et le **ré** en vert, écris ensuite leur nom sur la ligne pointillée :

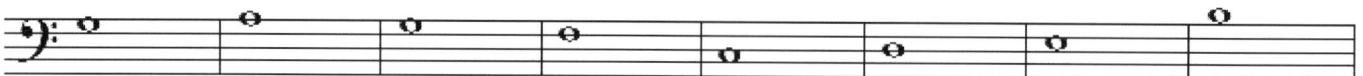

.....................................................................................................................................

**Remets** les lettres dans le bon ordre afin de trouver des mots que tu connais:

AF ED ELC: _____  ONRDE: _____
RIUEGTA: _____  VIOECLLENOL: _____
IVONLO: _____  REION: _____
LOS CEL DE: _____  ABSSON: _____

# LE SAVAIS-TU?

Les premiers livres furent écrits par des **moines**, et à la main bien sûr! On parle de manuscrits, ce qui vient du latin et signifie *écrit à la main*. Les premières partitions musicales furent parmi ces anciens livres rédigés à la plume. Cela changea avec l'invention de l'imprimerie par l'allemand Gutenberg vers 1439.

Voici une illustration d'un ancien livre religieux (vers 1220) ou la lettre U est richement ornée.

Avant l'invention de la portée de cinq lignes, les premières notations musicales étaient formées de neumes. Ce sont des lignes ondulées disposées au-dessus du texte représentant les inflexions de la mélodie. Le mot « neumes » vient du grec et signifie « souffle ». Cette notation fut en usage dès le **9ᵉ siècle**. Voici un extrait du Kýrie Eléison XI (Orbis Factor) du *Liber Usualis*:

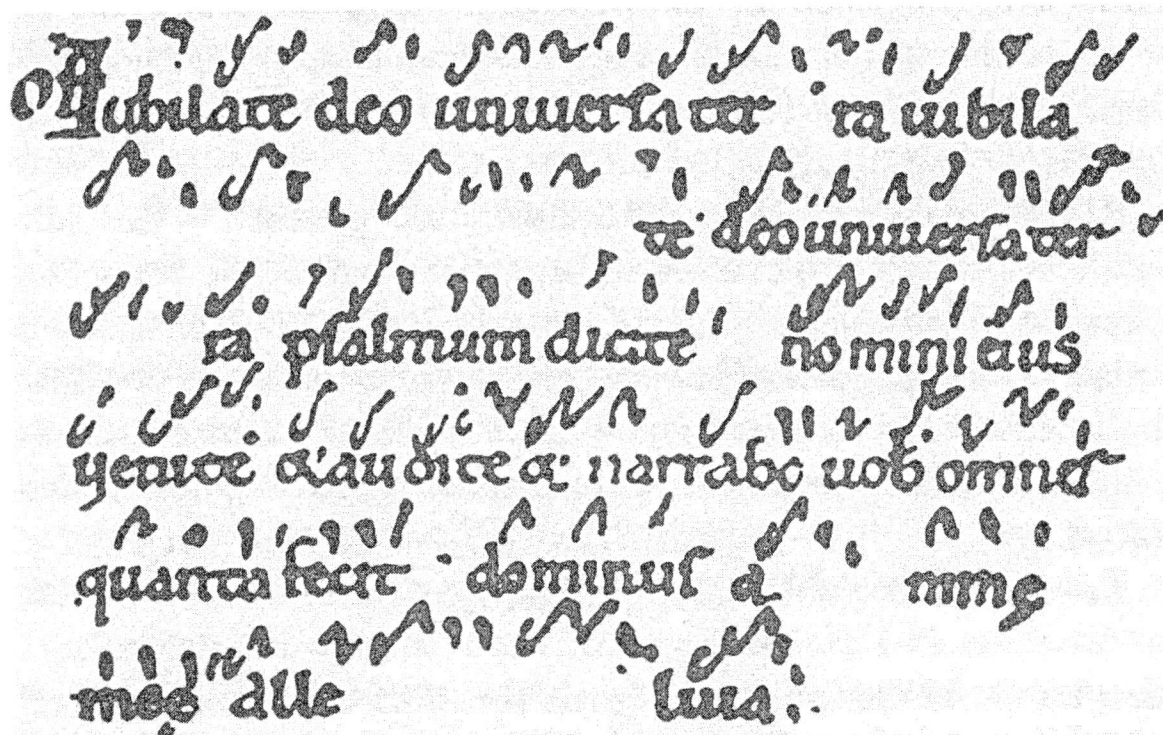

**Guido d'Arezzo** est un moine italien né en 992. Il est considéré comme l'inventeur du système de notation musicale moderne. Il inventa **la main guidonienne**, un système mnémonique largement utilisé ou les note sont nommées et localisées grâce aux lignes de la main. Il utilisa donc d'abord les lignes de la main pour fixer les notes avant d'utiliser celles de la portée! Cela lui facilita l'apprentissage de la musique car il était lui-même professeur.

Voici un exemple d'une **main guidonienne**, provenant de la Bibliothèque Bodleian MS. Ici, les carrés sont une représentation ancienne des notes.

Il s'agit, à droite, d'une statue de Guido d'Arezzo à la *piazzale des Offices* à Florence, en Italie.

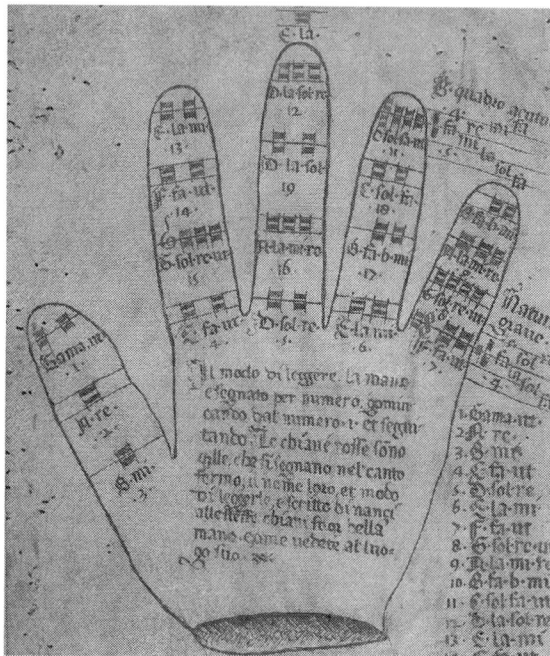

**Complète** le texte suivant avec les mots: moderne – neumes – manuscrits – texte – Guido d'Arezzo – main - 992

Les livres anciens étaient nommés des ………………………………… car ils étaient

écrits à la main. La première notation musicale était formée de …………………,

lignes ondulées librement disposées au-dessus du …………………… des chansons.

…………………………………….. est né en …………… Il inventa un système de

notation grâce aux lignes de la …………………… Il est considéré comme l'inventeur

du système de notation musicale …………………...........

# Les valeurs de notes (2)

Te souviens-tu des valeurs des notes ?

La **ronde**   𝅝   dure    **4** temps

La **blanche**   𝅗𝅥   dure    **2** temps

La **noire**   ♩   dure    **1** temps

La **croche**   ♪   dure    **½** temps

Apprenons maintenant la **double croche** 𝅘𝅥𝅯 qui dure **¼ de temps**.

Comme la **croche**, la **double croche** peut être représentée seule ou reliée à d'autres doubles croches.

**Regarde** les exemples ci-après et **dessine** des **croches** et des **doubles croches**:

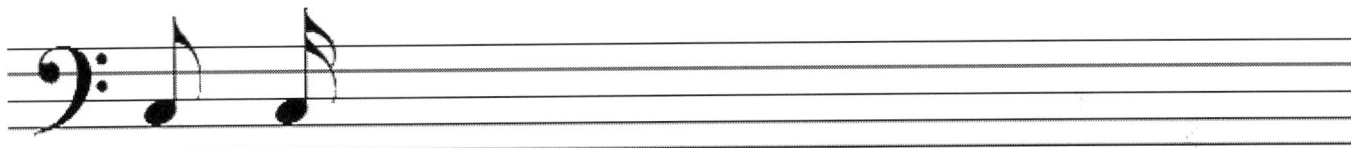

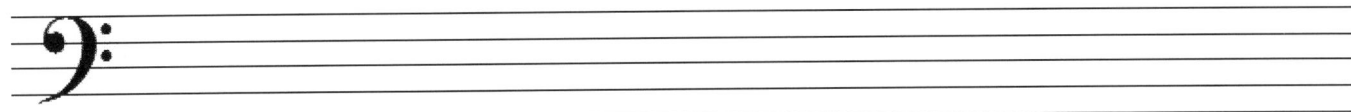

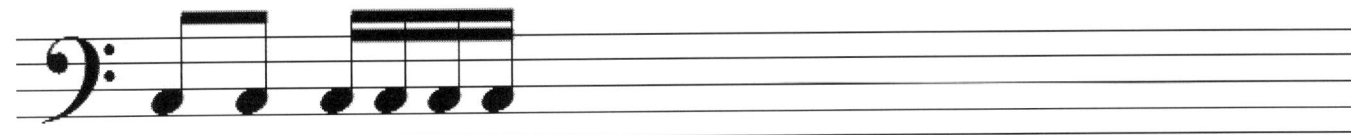

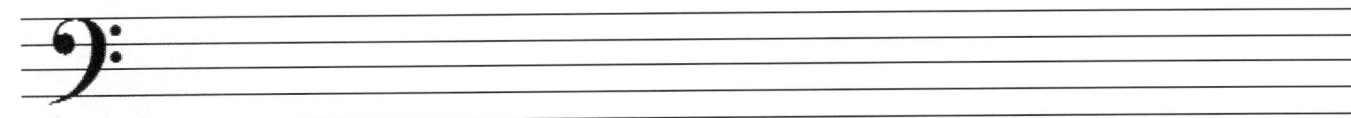

# A TOI DE JOUER!

**Entoure** de la même couleur ce qui vaut le même nombre de temps:

4 temps

2 temps

1/4 de temps

1/2 temps

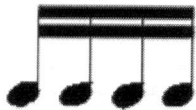

1 temps

## Qui suis-je?

Sur une partition musicale, ma valeur de note est de ¼ de temps.

Je suis …………………………………………………………………………..

Mon symbole est …………………………………………………………..

# La clé de fa: le SI

Avec la **clé de fa**, le **si** est **au-dessus de la cinquième ligne**:

**Dessine** le si:

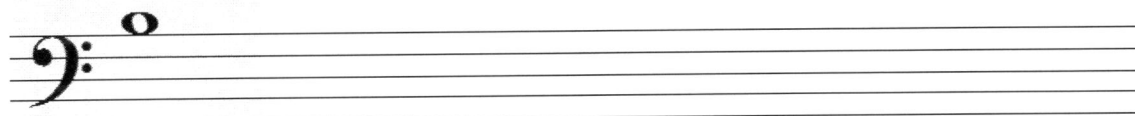

# A TOI DE JOUER!

**Colorie** le **fa** en bleu, le **do** en rouge, le **ré** en vert, le **mi** en jaune, le **sol** en rose, le **la** en violet et le **si** en orange. Ecris ensuite le nom des notes sur la ligne pointillée.

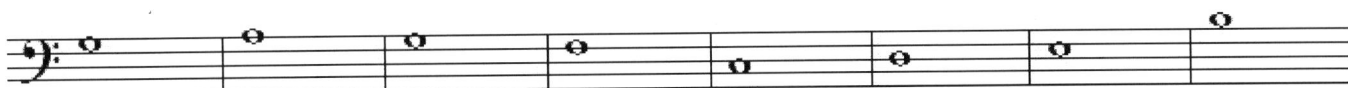

Maintenant, peux-tu lire ces notes tout en cachant leur nom avec ta main ?

**Vrai ou faux?** Corrige les erreurs!

| | |
|---|---|
| 1. Avec la clé de sol, le mi est sur la seconde ligne de la portée. | ☐ |
| 2. Avec la clé de fa, le sol est au-dessus de la quatrième ligne. | ☐ |
| 3. Le FA de la clé de fa est sur la quatrième ligne de la portée. | ☐ |
| 4. La musique pour violon peut être écrite en clé de fa. | ☐ |
| 5. Les notes les plus aigües de la clé de fa appartiennent au registre grave. | ☐ |

Réponses : 1. Faux : 1ère ligne - 2. Vrai - 3. Vrai - 4. Vrai - 5. Faux : registre medium.

# La clé de fa: le DO aigu

Avec la **clé de fa**, le **do plus aigu** est **sur la ligne juste au-dessus** de la portée:

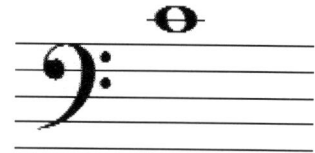

**Dessine** le do:

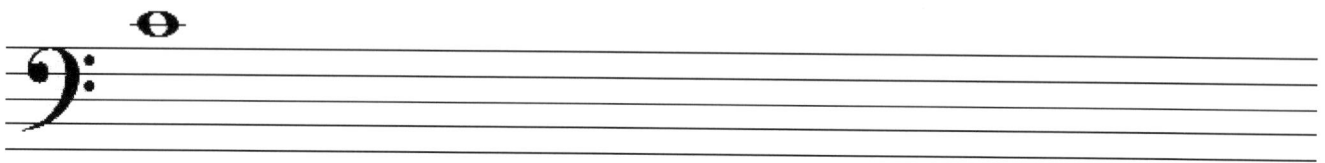

**Lis** les notes ci-dessous:

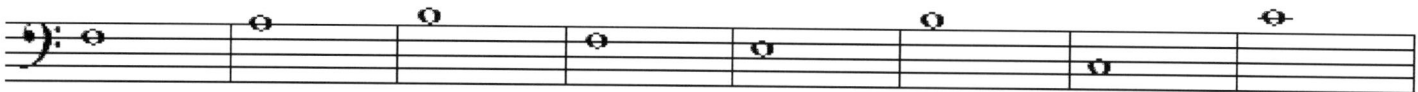

# A TOI DE JOUER!

**Entoure** les mots suivants:

NOTE     BASSE     CROCHE     BLANCHE     PIANO     VIOLON
SOUPIR    PORTEE    GUITARE    AIGU     QUART     BASSON

| B | C | R | O | C | H | E | N | T | H | T |
|---|---|---|---|---|---|---|---|---|---|---|
| A | P | I | P | A | P | I | A | N | O | V |
| S | U | H | N | L | A | N | O | T | E | I |
| S | A | I | G | U | L | L | O | M | S | O |
| E | R | R | B | L | A | N | C | H | E | L |
| N | S | O | U | P | I | R | P | S | A | O |
| O | B | Q | U | A | R | T | R | I | I | N |
| G | U | I | T | A | R | E | H | C | G | F |
| F | E | O | B | A | S | S | O | N | U | A |
| P | O | R | T | E | E | R | E | S | T | I |

# LE SAVAIS-TU?

Dans les pages précédentes, nous avons expliqué ce que sont les **nuances** en musique. T'en souviens- tu ? Alors, coche la bonne réponse :

Sur la partition, les nuances indiquent    □ le titre du morceau
                                                  □ l'intensité de la musique
                                                  □ la vitesse de la musique

**BRAVO !** En effet, les nuances sont des signes, inscrits en général sous la portée, indiquant avec quelle intensité doit être jouée la musique. Ecrits le plus souvent en italien, nous avions appris que *pp* signifie très doux, *p* doux, *mp* assez doux, *mf* assez fort, *f* fort et *ff* très fort.

**Découvrons** maintenant d'autres signes :

*Crescendo*, abbrégé *cresc.*, signifie <u>augmenter progressivement</u> le son jusqu'à ce qu'une autre indication de nuance soit précisée.

*Decrescendo*, abbrégé *descr.*, signifie au contraire <u>diminuer progressivement</u> le son jusqu'à ce qu'une autre indication de nuance soit précisée.

⎯⎯⎯⎯⎯⎯⎯⎯⎯⎯⎯⎯ signifie <u>augmenter progressivement</u> le son de la portion de la portée sous laquelle le **soufflet** est placé.

⎯⎯⎯⎯⎯⎯⎯⎯⎯⎯⎯⎯ signifie inversement <u>diminuer progressivement</u> le son de la portion de la portée sous laquelle le **soufflet** est placé.

Plus le soufflet est ouvert, plus l'augmentation (ou la diminution) du son est rapide et importante. Le soufflet est en général suivi d'une indication de nuance plus précise ( *f*, *forte*, par exemple). Un soufflet d'augmentation peut être couplé avec un soufflet de diminution, indiquant ainsi une augmentation puis une diminution successive du son.

**Complète** le tableau suivant avec les signes de nuance appropriés :

| Augmentation progressive du son | Diminution progressive du son |
|---|---|
| | |
| | |
| | |

# CHANTONS !

**"Au clair de la Lune"** est une chanson traditionnelle française du 18ᵉ siècle. Cette chanson est considérée d'auteur et compositeur inconnus, même si elle est parfois attribuée au compositeur **Jean-Baptiste Lully** qui la fait apparaitre dans un air du ballet de son opéra *Cadmus et Hermione* (1673).

## Au clair de la Lune

**Lis** les notes puis **chante** la chanson. Tu peux essayer de chanter la chanson avec le nom des notes. C'est un excellent exercice pour former ton oreille musicale.

**Copie** cette chanson sur la portée ci-dessous:

Voici une illustration provenant d'un ancien livre publié dans les années 1910.
L'illustrateur est Louis-Maurice Boutet de Monvel (1855-1913).

# Rythme: les silences (2)

Regarde le tableau suivant. Tu le connais déjà en partie mais la double croche et le quart de soupir ont été ajoutés

| Temps | Note | Symbole | Silence | Symbole |
|-------|------|---------|---------|---------|
| 4 | Ronde | o | Pause | ▬ |
| 2 | Blanche | ♩ | Demi-pause | ▬ |
| 1 | Noire | ♩ | Soupir | 𝄽 |
| 1/2 | Croche | ♪ | Demi-soupir | 𝄾 |
| 1/4 | Double croche | ♬ | Quart de soupir | 𝄿 |

Comme la double croche, le **quart de soupir** dure ¼ de temps.

**Dessine** des quarts de soupir:

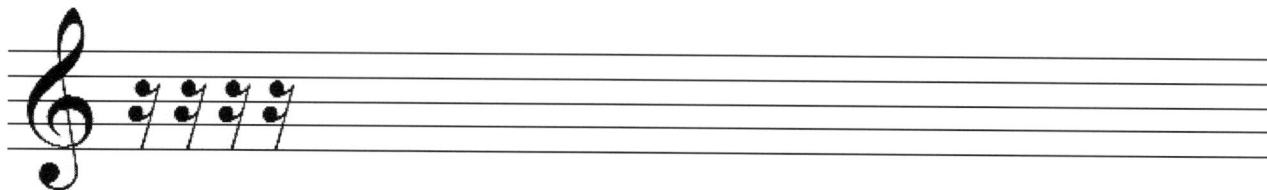

# A TOI DE JOUER!

## Qui suis-je?

Je dure ½ **temps de silence**. Je suis ...........................
...................................................................
Je dure ¼ **temps de silence**. Je suis ..........................
...................................................................
Je dure **1 temps de silence**. Je suis ..........................
...................................................................

# Clé de fa: les notes au-dessus de la portée

Voici, avec la **clé de fa**, les **notes les plus aigües au-dessus** de la portée:

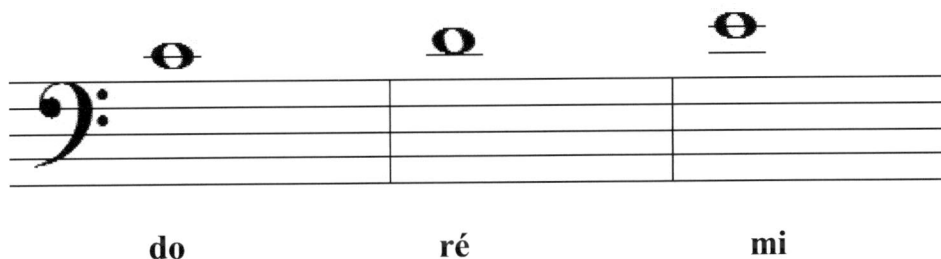

do          ré          mi

**Dessine** ces notes sur la portée ci-dessous:

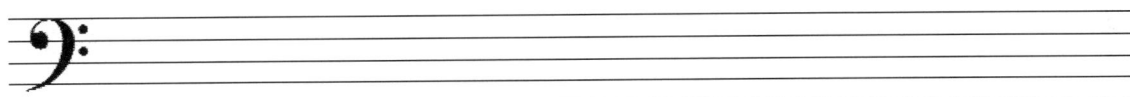

# A TOI DE JOUER!

**Colorie** le **do** en rouge, le **ré** en vert et le **mi** en jaune. Ensuite, lis toutes ces notes:

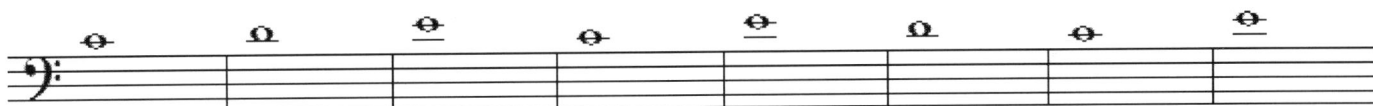

**Ecris** les lettres dans l'ordre correct pour former un mot que tu connais:

ONSSAB:_____          IAPNO: _____

OLTA: _____          RUIGTAE: _____

SASBE: _____          RTENOCESSAB:_____

# Clé de fa: les notes sous la portée

Avec la clé de fa, les notes **sous la portée** appartiennent **au registre grave**:

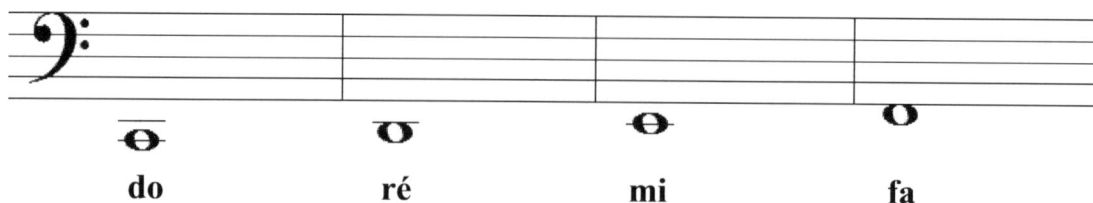

do     ré     mi     fa

Apprenons les notes d'une **octave**. Une octave est formée d'un intervalle de **8 notes**. Ici, de **do** à **do**:

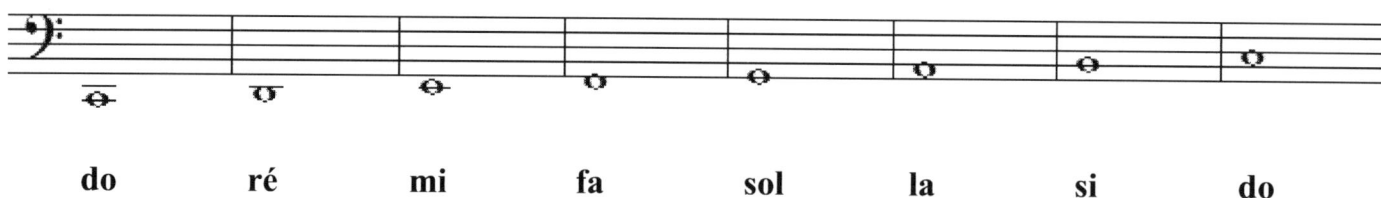

do     ré     mi     fa     sol     la     si     do

## A TOI DE JOUER!

**Colorie** le **do** en rouge, le **mi** en jaune et le **sol** en vert. Lis ensuite toutes ces notes:

**Marque** la pulsation par un point sous la note ou le silence correspondant. Ensuite, regarde la solution sur la page suivante.

# Lecture de notes

Maintenant, tu connais les notes de la **clé de fa**. Exerce-toi à la lecture. Pour t'aider, la pulsation est indiquée par des points sous la portée. Garde une pulsation modérée et **régulière**.

Te souviens-tu de la **clé de sol**?

# Les altérations (1)

En musique, les **altérations** modifient la hauteur des notes. Elles sont écrites devant la figure de note:

- Le **dièse #** augmente la note d'un demi-ton;

- Le **bémol** *b* abaisse la note d'un demi-ton;

- Le **bécarre** ♮ annule le dièse et le bémol.

C'est facile de comprendre le rôle des altérations avec un **clavier**. Regarde les exemples suivants:

1)

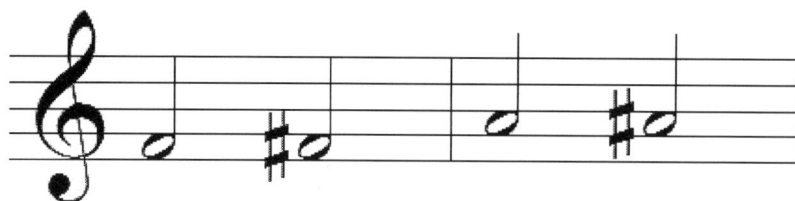

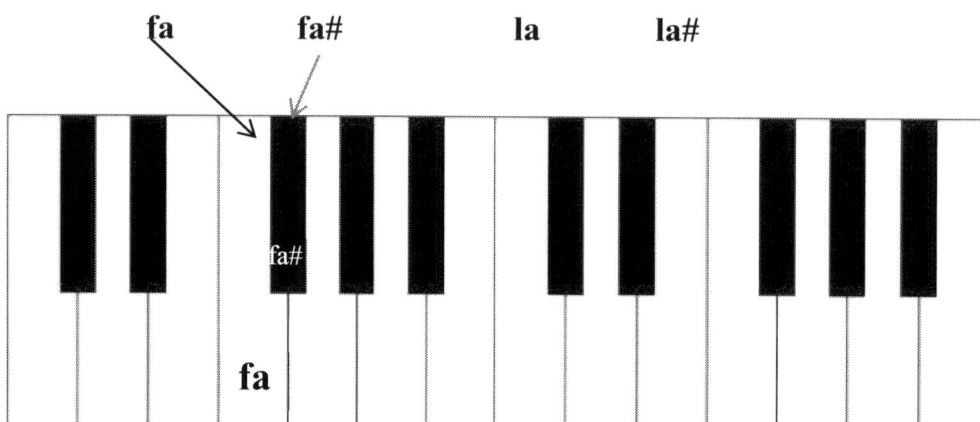

**Indique** un **la** et un **la #** sur le clavier ci-dessus.

2)

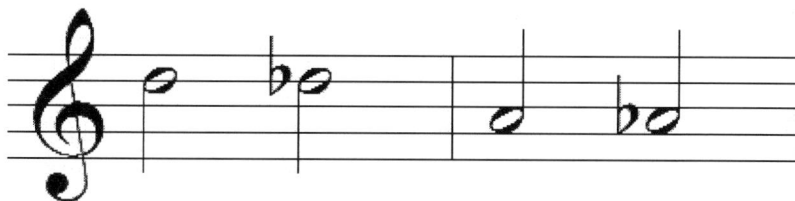

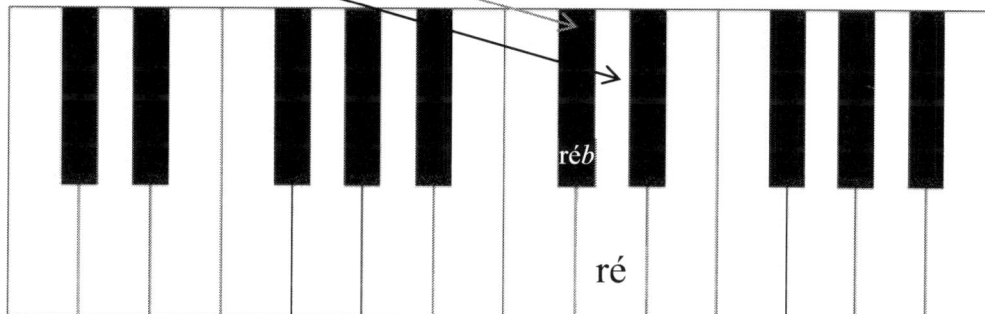

**Indique** un **la** et un **la***b* sur le clavier ci-dessus.

3)

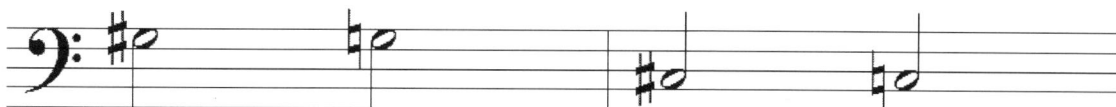

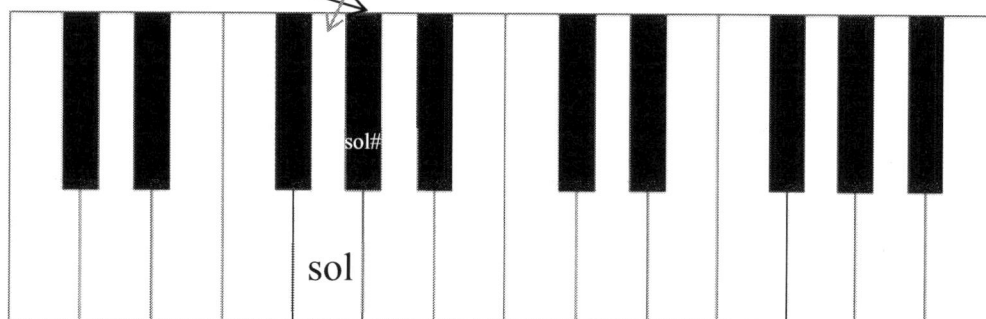

**Indique** le **do dièse** et le **do bécarre** sur le clavier ci-dessus.

Attention: le *do bécarre* est simplement situé sur la touche du do. Le *bécarre* annule les dièses et les bémols.

4) Ecris le nom de chaque note sous la portée. Ensuite, indique la touche correspondante sur le clavier suivant.

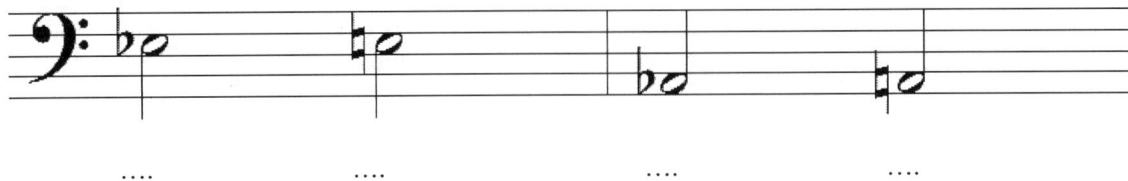

....          ....          ....          ....

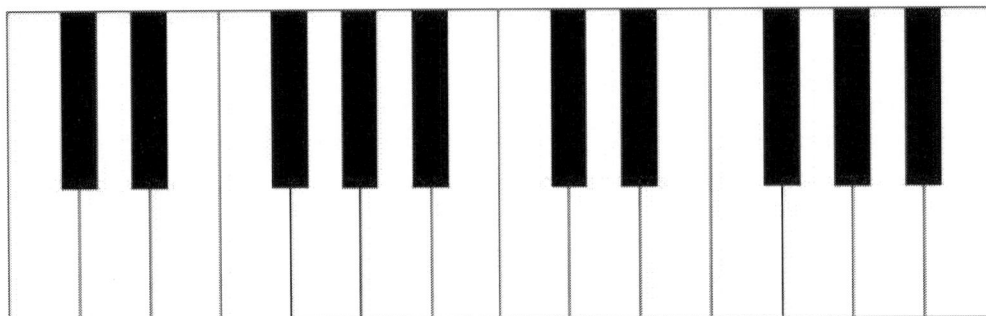

**Dessine** des **dièses #, bémols *b* et bécarres** ♮

# # # _____

*b b b* _____

♮ ♮ ♮ _____

# A TOI DE JOUER!

**Voici** une paire de **maracas**.

Les maracas traditionnelles sont formées de coquilles de coquillages séchées ou de noix de coco vidées remplies de graines ou de haricots secs, montées sur un manche de bois. Les maracas modernes peuvent aussi être faites de cuir, bois ou plastique. Les joueurs les tiennent dans leurs mains, par paire en général, et les secouent.

Quel type d'instrument sont les maracas?

Les …………………………… sont des instruments à ………..…………………

**Colorie** cette paire de maracas. Amuse-toi !

# CHANTONS !

« **Frère Jacques** » est une célèbre comptine française du 18ᵉ siècle, connue dans le monde entier dans de multiples langues. Longtemps considérée comme anonyme, l'auteur en est vraisemblablement **Jean-Philippe Rameau (1683-1764)**, compositeur français et théoricien de la musique.

La partition suivante présente la chanson « **Frère Jacques** » sous forme de **canon**. Le canon est une forme musicale qui consiste à faire chanter les voix de manière décalée. Une idée musicale, le thème, s'énonce et se développe d'une voix à une autre, de sorte que les différentes voix interprètent la même ligne mélodique, mais de manière différée.

## Frère Jacques

**Lis** les notes puis **chante** la chanson. Tu peux essayer de chanter la chanson avec le nom des notes. C'est un excellent exercice pour former ton oreille musicale. Tu peux aussi t'amuser à la chanter en canon avec des personnes de ton entourage.

**Copie** cette chanson sur la portée ci-dessous. Essaie de respecter la forme en canon:

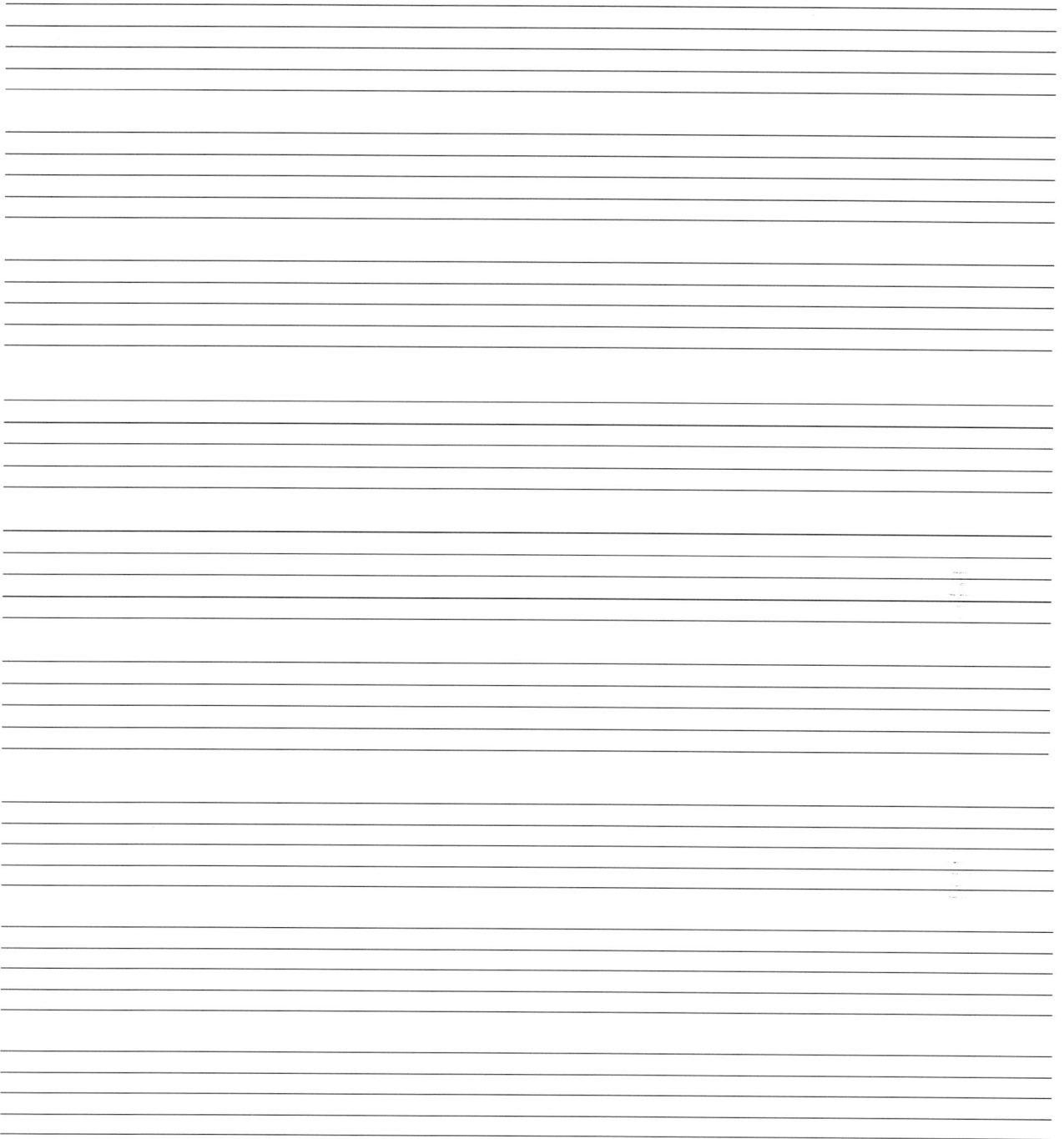

# A TOI DE JOUER!

**Relie** les cercles entre eux pour former trois phrases. Utilise trois couleurs différentes. Tu peux utiliser le même mot plusieurs fois.

noire

double

2

1/4

de

croche

dure

La

temps.

Le

1/2

demi

soupir

**Ecris** ces phrases:

........................................................................................................

........................................................................................................

........................................................................................................

........................................................................................................

........................................................................................................

# LE SAVAIS-TU?

Les instruments sont repartis en trois grandes familles. On parle d'instruments à:

- **cordes** (violon, alto, violoncelle, contrebasse, guitare, harpe, piano ...)
- **vent**, dans lesquels on souffle (flûte, trompette, basson, clarinette, tuba ...)
- **percussion**, que l'instrumentiste percute ou secoue (tambour, xylophone, cymbale, maracas, piano ...)

**Ecris** le nom des instruments suivants. Choisis parmi les mots: **basson, violoncelle, violon, piano, guitare, triangle, trompette, tambourin, flûtes, and cymbale.**

**Entoure** ensuite les instruments à cordes en rouge, les instruments à vent en vert et les instruments à percussion en bleu. Attention, tu devras entourer l'un d'entre eux de deux couleurs!

V _ _ _ _ _

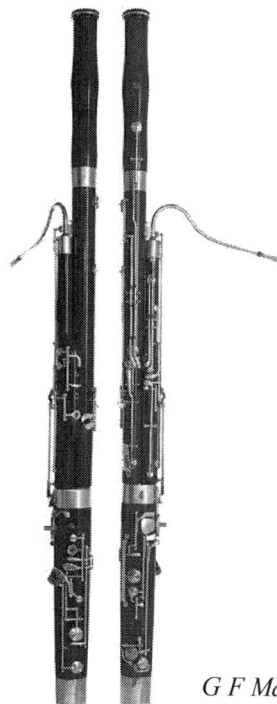

*G F Maxwell*

B _ _ _ _ _

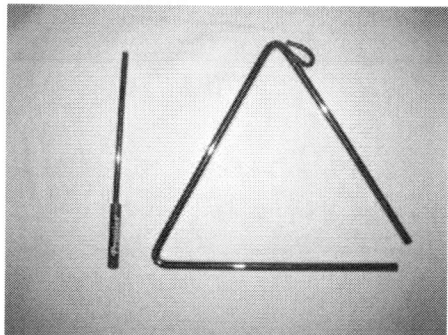

T _ _ _ _ _ _ _

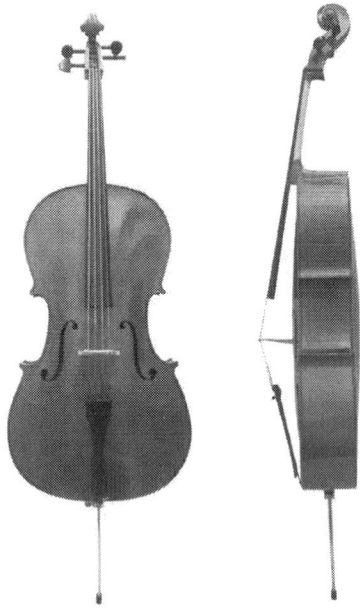

V_ _ _ _ _ _ _ _ _ _

*Gryffindor*

P_ _ _ _

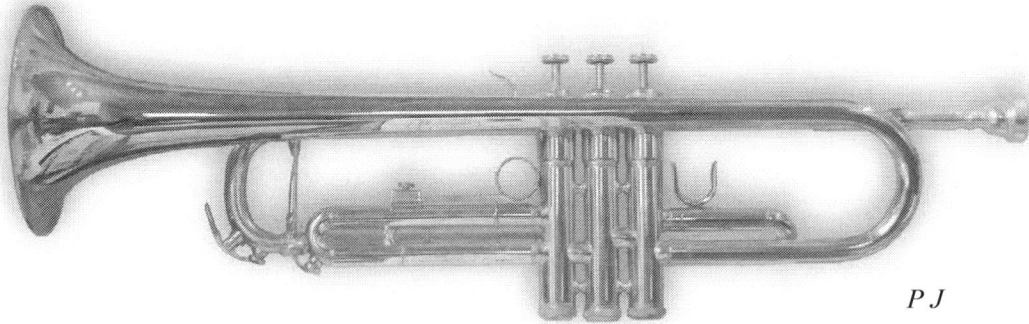

*P J*

T_ _ _ _ _ _ _

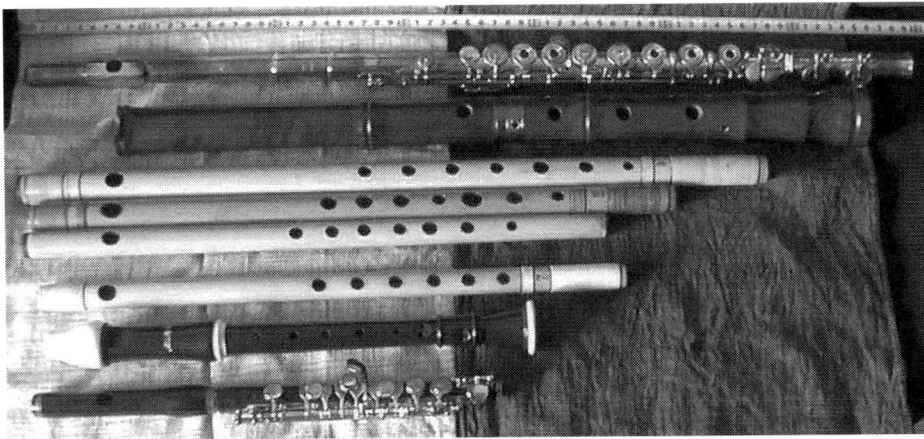

F_ _ _ _ _

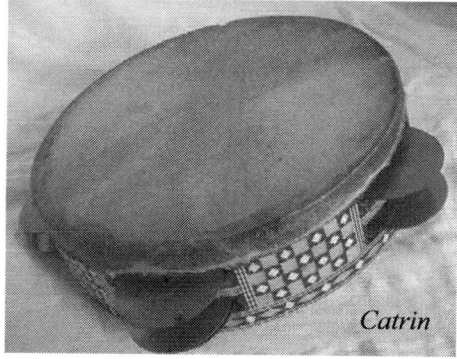

*Catrin*

T_ _ _ _ _ _ _

G_ _ _ _ _ _

*Martin Möller*

C_ _ _ _ _ _

Quel instrument as-tu entouré de deux couleurs? Pourquoi?

..............................................................................................
..............................................................................................
..............................................................................................
..............................................................................................
..............................................................................................
..............................................................................................

# Le système de portées

Quand deux portées sont reliées par une **accolade**, un **système de portées** est créé. Il est destiné à être joué par un seul instrumentiste. En règle générale, on appelle **système** un ensemble de deux portées ou plus, liées par des **accolades**.

Voici un système de portées pour **piano**:

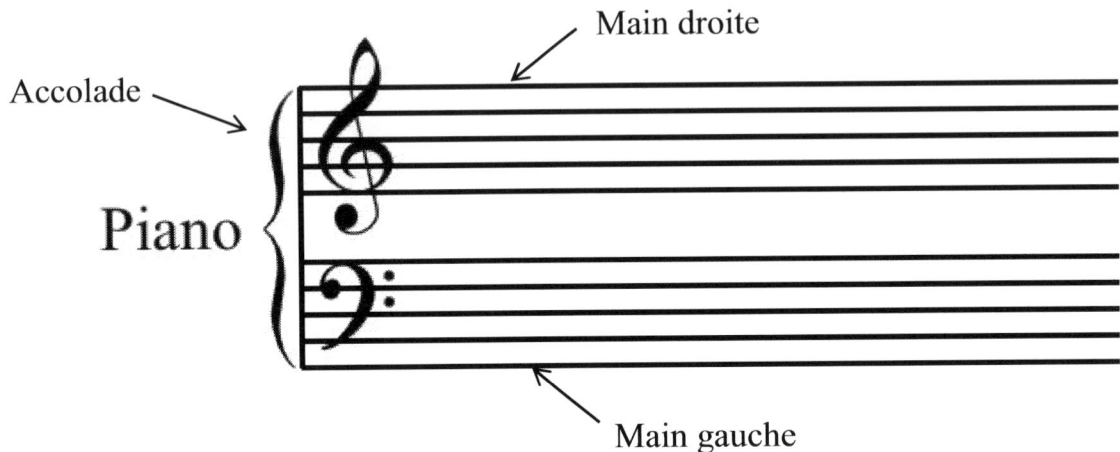

**Regarde** les portées suivantes, présentant les clés de sol et de fa. Les notes qui sont indiquées à la fois avec la clé de sol et la clé de fa sont les mêmes.
Sur un clavier, par exemple, elles sont jouées sur les mêmes touches. Le **do** entouré est appelé le **do du milieu** car il est situé au milieu du clavier.

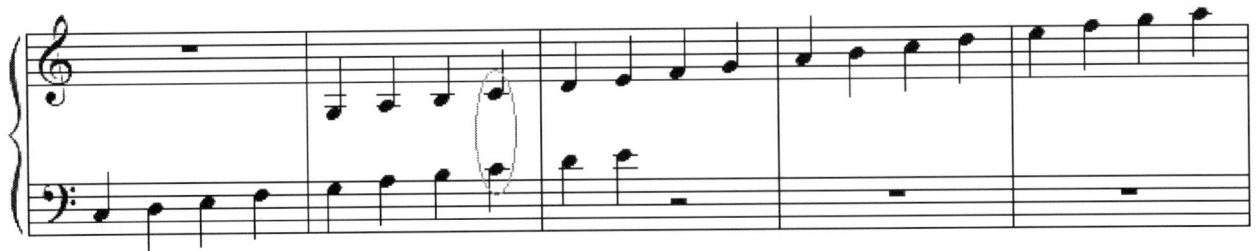

do ré mi fa    sol la  si  do    ré  mi fa sol    la  si  do ré    mi fa sol la

# A TOI DE JOUER!

**Colorie** les notes **do** en rouge, **mi** en bleu et **sol** en vert.
Lis ensuite toutes les notes:

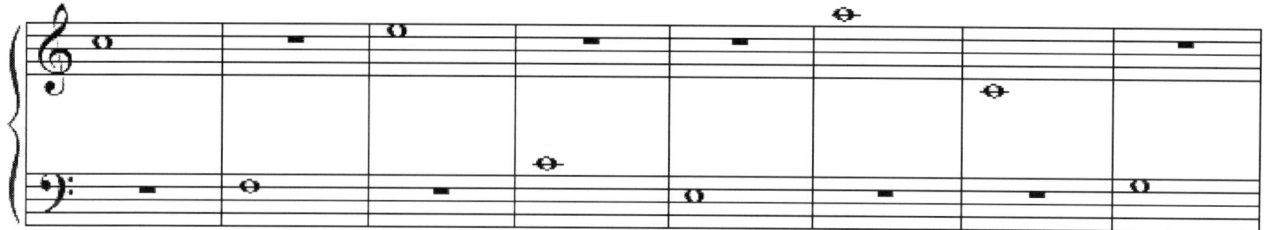

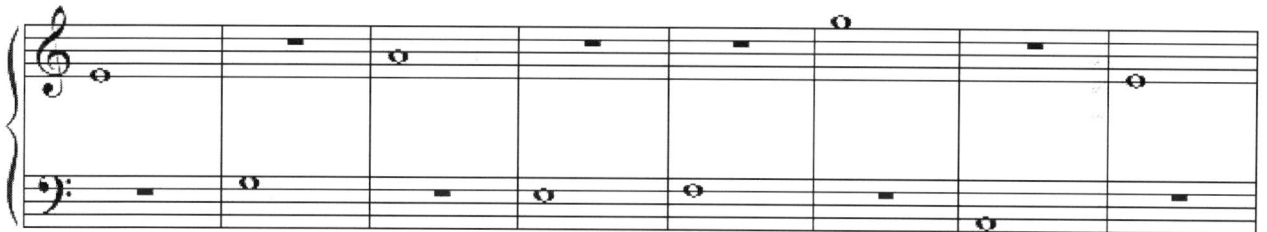

Connais-tu cet instrument? C'est un **xylophone**. Il est formé de barres de bois de différentes longueurs (et donc de différentes hauteurs de note) qui sont percutées avec des mailloches (baguettes).
Quel type d'instrument est-ce?

Le ............................... est un ...................................................................

## Colorie-le!

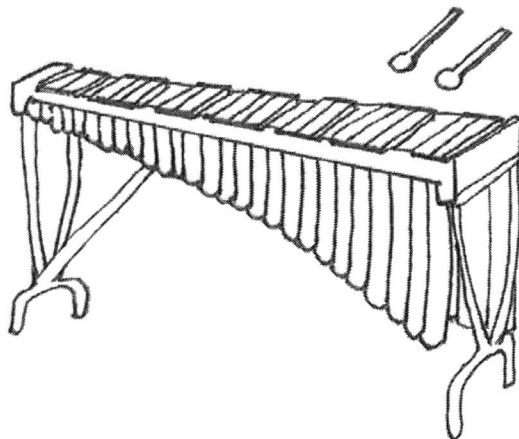

# Les clés de SOL et de FA

**Voici** les notes que tu connais déjà:

do  ré  mi  fa  sol  la  si  do  ré  mi  fa  sol  la  si  do

**Recopie** toutes ces notes ci-dessous:

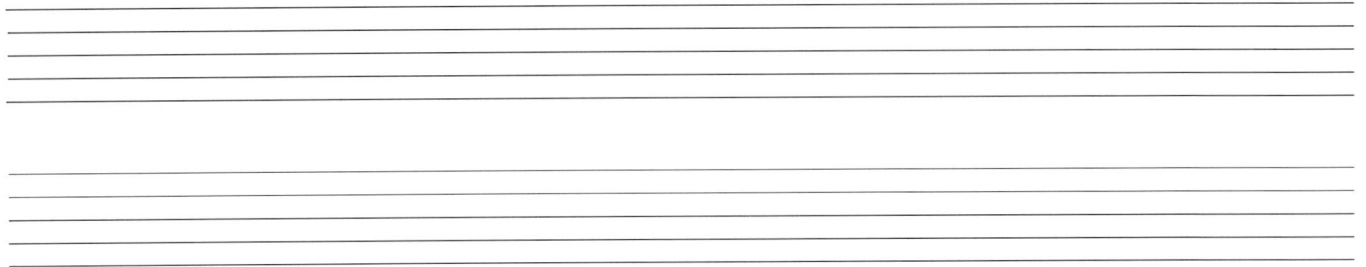

**Lis** les notes de la grande portée ci-dessous. Fais attention à la **pulsation.** Elle doit être **régulière** et **modérée**. Pour t'aider, la pulsation a été indiquée par un point sous la portée. Commence par lire les portées séparément. Lorsque cela te sera facile, lis-les ensemble, comme cela doit être joué. Quand deux notes sont jouées ensemble, elles sont alignées verticalement. Par exemple, les deux premières notes doivent être jouées ensemble. Tu diras: "**do** et **do**".

# Les gammes

En musique tonale, il existe deux sortes de gammes: **majeure** et **mineure**.

Apprenons les gammes de **do majeur** et de **la mineur** à titre d'exemple. Ce sont les gammes les plus simples. Tu pourras bientôt les jouer sur ton instrument.

Tout d'abord, apprenons la distribution des **tons** et **demi-tons** entre les notes. A l'aide d'un **clavier**, c'est facile à comprendre: il y a un demi-ton entre chaque touche. Ainsi il y a un ton entre deux touches blanches s'il y a une touche noire entre elles. De même, il y a un demi-ton entre deux touches blanches s'il n'y a pas de touche noire entre elles:

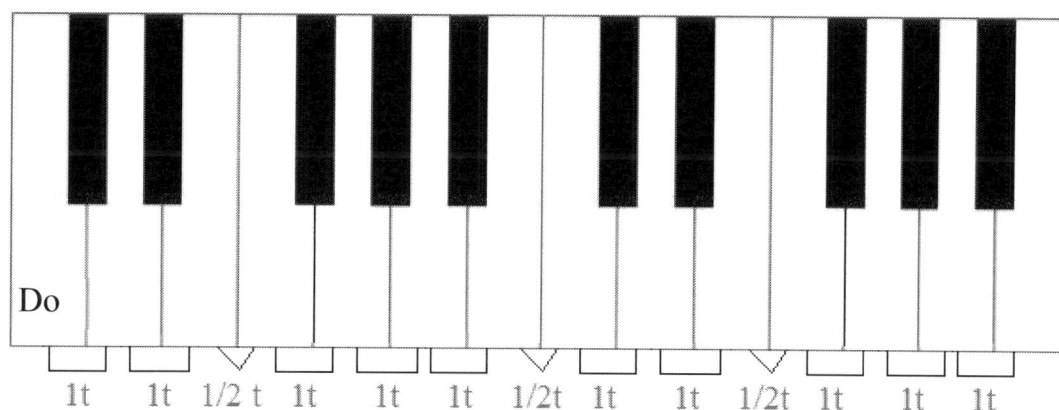

**Recopie** l'exemple donné en écrivant les tons en rouge et les demi-tons en noire.

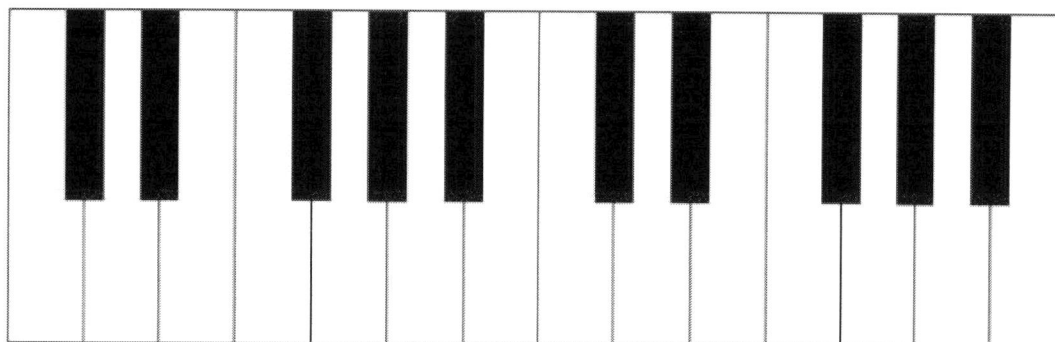

...................................................................................

Le demi-ton est le plus petit intervalle utilisé communément dans la musique tonale occidentale. La gamme majeure est divisée en 12 demi-tons.
La gamme de do majeur inclut toutes les notes de **do à do**, sans altérations.

Voici la distribution des tons et demi-tons des gammes majeures, ici **do majeur**:

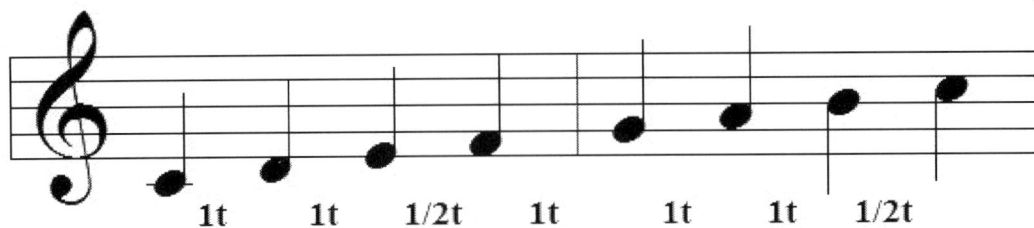

1t     1t     1/2t     1t     1t     1t     1/2t

**Recopie** la gamme de **do majeur** sur la portée ci-dessous. N'oublie pas d'indiquer les tons et demi-tons!

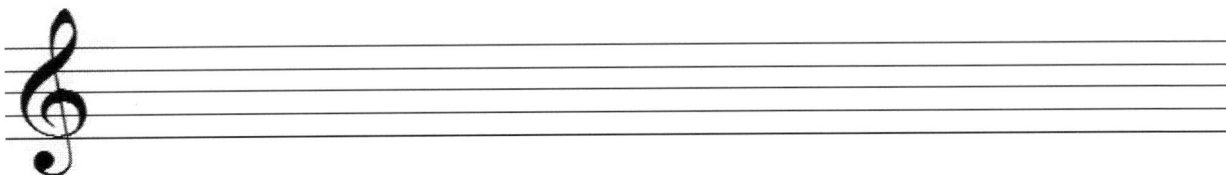

Voici la gamme de **la mineur naturel**, simplement de **la à la**:

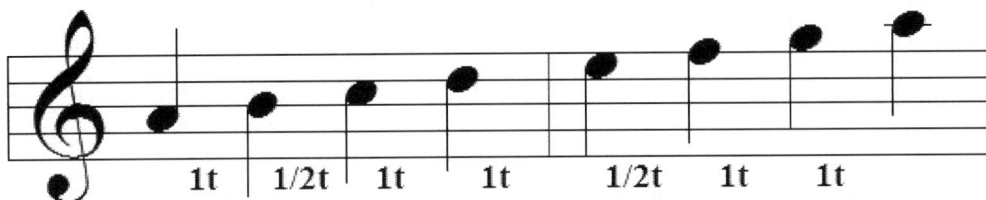

1t   1/2t   1t   1t    1/2t   1t   1t

**Recopie** la gamme de **la mineur naturel** sur la portée ci-dessous. Indique également les tons et demi-tons :

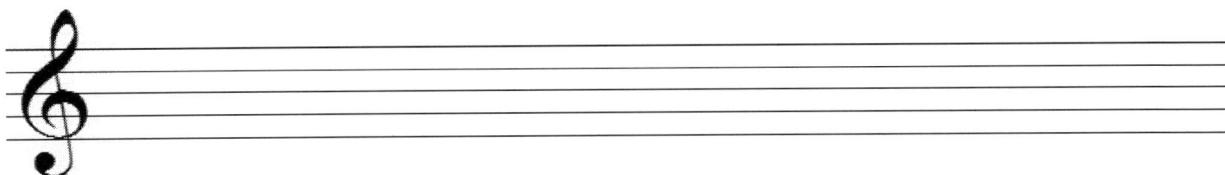

Voici la gamme de **la mineur harmonique**.
Les notes sont les mêmes que dans la gamme de la mineur naturel, excepté le sol qui est augmenté d'un demi-ton: le **sol** est **diésé (#)**. Les autres gammes mineures harmoniques sont construites de la même façon.

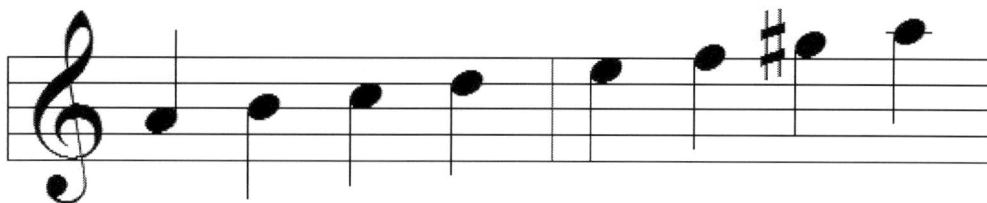

**Recopie** la gamme de **la mineur harmonique**. Indique le **sol #**.

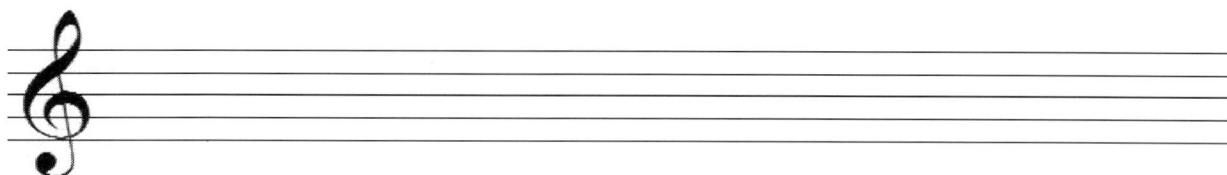

# A TOI DE JOUER!

Connais-tu cet instrument? C'est une **harpe**. Ses cordes sont disposées individuellement. Le ou la harpiste les pince de ses doigts.

Quel type d'instrument est-ce ?

La …………… est un instrument …………………………
Maintenant, colorie-la!

# Altérations (2)

Te rappelles-tu des **altérations**?

**Relie** chaque altération à sa définition:

Le dièse # •

• abaisse la note d'un demi-ton.

Le bémol *b* •

• hausse la note d'un demi-ton.

Le bécarre ♮ •

• annule le dièse et le bémol.

**Lis** les notes de la grande portée ci-dessous. Fais attention à la **pulsation**. Elle doit être **régulière** et **modérée**. Pour t'aider, la pulsation est indiquée par un point sous la portée. Commence à lire les portées séparément. Quand cela sera facile, lis-les ensemble.

Une altération écrite devant une figure de note au cours de la partition est applicable durant **une mesure** (entre deux barres verticales). Une autre altération peut annuler une altération préalable au cours de la mesure.
L'exercice suivant est composé de 4 mesures.

Quand deux notes identiques sont liées par une ligne courbe, appelée **liaison de prolongation** (ou **tenue**), la note n'est pas répétée mais jouée **comme une seule note égale à la somme de la valeur des deux notes reliées**. Ici, entre les mesures 1 et 2, le **si** (clé de fa) est lié. Ainsi, le premier **si** doit être tenu **1 temps et demi**.

Une liaison                    une mesure

Les altérations peuvent être indiquées au **début de la portée**. On parle d'**armature (ou d'armure)**. Dans la musique tonale, elle indique la tonalité. Dans l'exemple ci-dessous il y a un **fa #** à la clé ce qui signifie ici que la tonalité est **sol majeur**.

Dans ce cas, toutes les notes **fa** seront **diésées** au cours de la mesure jusqu'à ce qu'une autre altération (valide seulement une mesure) l'annule ou qu'un changement de tonalité intervienne par une nouvelle armature.

Voici quelques explications à propos de la notation musicale :

La **liaison d'expression** — à ne pas confondre avec la liaison de prolongation — est indiquée par une ligne courbe englobant les notes d'une mélodie devant être interprétées de façon liée. Les notes sont jouées *legato*. Une liaison d'expression peut comprendre plusieurs mesures.

Un **point** en-dessous ou au-dessus d'une figure de note indique que la note doit être jouée **détachée** et donc que sa durée est **plus courte**. On parle de *staccato*.

Attention! Le *staccato* est différent d'une **note pointée** où le point est situé juste à **droite de la figure de note**.

# A TOI DE JOUER!

**Entoure** toutes les notes **fa#** en rouge, puis lis cette courte composition:

Combien de **fa#** as-tu trouvé?

-avec la clé de sol: ................
-avec la clé de fa: ................

# CHANTONS !

La mélodie **"Joyeux anniversaire"** provident d'une chanson américaine "Good Morning to All", qui a été attribuée aux sœurs américaines **Patty Hill** et **Mildred J. Hill** en 1893. Cette chanson a été traduite dans au moins 18 langages.

## Joyeux anniversaire!

Jo - yeux an - ni - ver - saire ! Jo - yeux an - ni – ver - saire ! Jo - yeux an - ni - ver-

saire !                 Jo -       yeux      an-          ni  -       ver -        saire !

**Lis** les notes puis **chante** la chanson. Tu peux essayer de chanter la chanson avec le nom des notes. C'est un excellent exercice pour former ton oreille musicale.

**Copie** cette chanson sur la portée ci-dessous:

# Les valeurs des notes (3)

Te rappelles-tu des valeurs des notes?

**Relie** à la bonne réponse comme dans l'exemple:

La ronde . ⎯⎯⎯⎯⎯⎯⎯⎯⎯ 𝅝 ⎯⎯⎯⎯⎯⎯⎯ . dure 2 temps.

La noire . 𝅗𝅥 . dure 4temps.

La croche . 𝅘𝅥 . dure ½ temps.

La double croche . 𝅘𝅥𝅮 . dure 1 temps.

la blanche . 𝅘𝅥𝅯 . dure ¼ temps.

Voici un tableau illustrant les valeurs de notes et leur équivalence:

| Dénomination | Représentation graphique | Valeur |
|---|---|---|
| Ronde | | 4 temps |
| Blanche | | 2 temps |
| Noire | | 1 temps |
| Croche | | ½ temps |
| Double croche | | ¼ temps |

En regardant ce tableau, on comprend que, par exemple, une ronde est égale à 2 blanches :

De la même façon:

## A TOI DE JOUER!

**Colorie** de la même couleur les égalités:

 | 1 temps | ♪ | o | 1/4 de temps |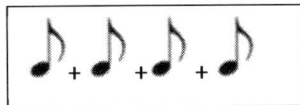

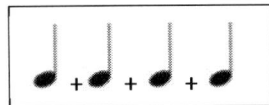 | ½ | ½ temps |

| 4 temps | 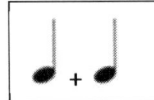 |

| | ♩ | | 2 temps | ♩ | |

**Complète** les égalités suivantes:

𝅝 = 𝅗𝅥 + ....

𝅝 = 𝅘𝅥 + .... + .... + ....

𝅗𝅥 = 𝅘𝅥 + ....

𝅗𝅥 = 𝅘𝅥𝅮 + .... + .... + ....

𝅘𝅥 = 𝅘𝅥𝅮 + ....

𝄾 = 𝄿 + ...

**Voici** une **flûte**.
Quel type d'instrument est-ce?

La …………………….. est un instrument …………………….

**Colorie-la** et amuse-toi!

# Le chiffrage

D'abord, te rappelles-tu ce qu'est une **mesure**?
La mesure est une partie de la portée entre deux lignes verticales appelées **barres de mesure**.
La **mesure** a un nombre de temps constant défini par le **chiffrage**.

Les deux nombres indiqués après la clé forment le **chiffrage** de la mesure.

Le chiffrage                 une mesure               Une barre de mesure

Le **nombre supérieur** indique **la valeur du temps**.
Le **nombre inférieur** indique **le nombre de temps par mesure**.

Exemples de chiffrage: la simple méthode suivante permet de connaitre le nombre de temps par mesure indiqués par chaque chiffrage. La note de référence est la **ronde**.

**Le chiffrage 4/4:**

1) En commençant par le nombre inférieur (du bas), **4**, on peut dire: *il y a 4 noires dans une ronde*. Alors, le temps est représenté par la **noire.**

2) Le nombre supérieur (du haut) indique combien de temps il y a dans chaque mesure. Dans cet exemple, ce nombre est **4**. Ainsi, il y a **4 temps par mesure** et la valeur de temps est la **noire.**

Le chiffrage 4/4 peut aussi être indiqué par un grand **C**: 

**Le chiffrage 3/4** indique 3 temps par mesure et le temps est défini par la noire.

1) Le nombre du bas est **4**. *Il y a <u>4 noires</u> dans une ronde*. Donc, le temps est représenté par la **noire**.

2) Le nombre du haut est **3**. Ainsi, il y a **3 temps par mesure**, et le temps est défini par la **noire**.

**Complète** les phrases suivantes:

**Le chiffrage 4/4:**

1) Le nombre du bas est ……
On peut dire: *il y a* …………… *dans une ronde*. Alors, le temps est représenté par ………………..

2) Le nombre du bas est …..
Alors, il y a …………………………et le temps est défini par …………………………..

Le chiffrage 4/4 peut aussi être représenté par ………………………..

**Le chiffrage 3/4:**

1) Le nombre du bas est ………..
*Il y a* …………………………………….. *dans une ronde*.
Alors, le temps est représenté par ……………………………

2) Le nombre du haut est…..
Alors, il y a ……………………………………………. et le temps est défini par ………………………..

# Les notes pointées

Un point placé à droite d'une figure de note, **augmente** la durée de cette note de la **moitié** de sa valeur. On parle de **point de prolongation**.

Par exemple :
- une ronde pointée vaut 4+2 = 6 temps
- une blanche pointée vaut 2+1 = 3 temps
- une noire pointée vaut 1+ ½ = 1,5 temps

Regarde le tableau suivant pour mieux comprendre ces exemples :

| Une ronde pointée | Une blanche pointée | Une noire pointée |
| --- | --- | --- |
| 4 + 2 = 6 | 2 + 1 = 3 | 1 + ½ = 1,5 |
| 6 temps | 3 temps | 1 temps et demi |

# A TOI DE JOUER!

**Dessine** les notes demandées :

Une ronde pointée : …..          Une blanche pointée : …..          Une noire pointée : …..

**Complète** les phrases suivantes :

Une ronde pointée vaut ..……... temps.

Une blanche pointée vaut …….. temps.

Une noire pointée vaut ……….. temps.

**Lis** le court exemple musical suivant.

Lis les clés de sol et de fa séparément. Quand cela te semble facile, tu peux essayer de lire conjointement les deux clés.

N'oublie pas de garder une **pulsation modérée** et **régulière**. Pour t'aider, un point a été ajouté pour marquer la pulsation.

Réponds d'abord aux questions suivantes :

Que signifie le chiffrage 3/4 ? ……………………………………………..

Quelle est la durée de la blanche pointée ? …………………………………..

Les points de prolongation peuvent être aussi ajoutés aux **figures de silence** et, ainsi, **augmenter** la durée de ce silence de la **moitié** de sa valeur.

Par exemple, tout comme une ronde pointée **O •** , une pause pointée ▬ • dure 6 temps.

Entoure de la même couleur les **figures de notes** et les **figures de silences** équivalentes, ainsi que **leur durée**. Tu peux d'abord relire la leçon sur les silences si tu le souhaites.

2 temps

1 temps et demi

3 temps

6 temps

1 temps

2 temps

# Mesure et barres de mesure

Te rappelles-tu?
**Ecris** les mots suivants sur les lignes pointillées:
Mesure – barre de mesure – chiffrage

c.......................     m.............     b........ d... m............

Chaque **mesure** a le même nombre de temps défini par le **chiffrage**.

Il y a different type de **barres de mesure** :

1) La **barre simple** indique les limites de chaque mesure.

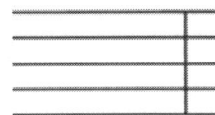

2) La **double barre** indique la fin d'une composition. C'est une double barre dont la deuxième barre est plus épaisse.

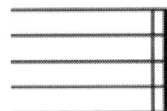

3) La **barre de répétition** est une double barre avec deux points à gauche. Cela signifie que la musique doit être rejouée depuis le début …

4) …ou depuis une mesure commençant par une **barre de répétition** avec deux points sur la droite.

5) Une **double barre de répétition** est placée entre deux sections qui doivent être répétées.

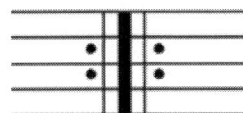

# A TOI DE JOUER!

Ecris dans les cases les mots suivants: chiffrage, barre de mesure, mesure, double barre et barre de répétition.

Ensuite, colorie en rouge la partie de la partition qui doit être répétée.

## Vrai ou faux? Corrige les erreurs !

| | |
|---|---|
| 1. Le chiffrage définit le nombre de temps par mesure. | ☐ |
| 2. La double barre indique une section répétée. | ☐ |
| 3. La barre de répétition ressemble à la double barre. | ☐ |
| 4. La barre de mesure simple est la plus utilisée au cours de la partition. | ☐ |
| 5. Un chiffrage ¾ indique 4 temps par mesure. | ☐ |

Réponses :

Exercice (haut de page) : De gauche à droite, il faut écrire chiffrage, mesure, barre de mesure, barre de répétition et double barre.

La partie qui doit être répétée comprend les mesures 1, 2, 3 et 4 (barre de répétition à la mesure 4).

Vrai ou faux : 1. Vrai, 2. Faux, 3. Vrai : avec deux points en plus sur le côté, 4. Vrai, 5. Faux : ¾ indique 3 temps par mesure où le temps est défini par la noire.

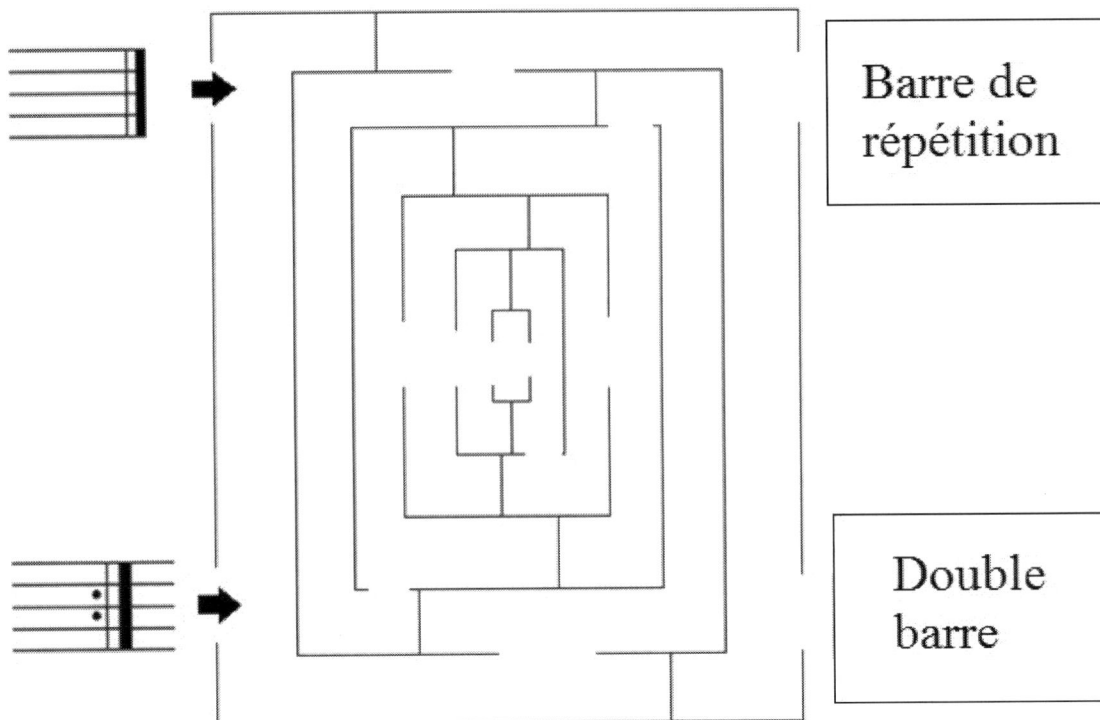

Barre de répétition

Double barre

**Entoure** les mots :

TRIANGLE  PIANO  XYLOPHONE  ALTO  FLUTE  CYMBALE  TROMPETTE

| C | Y | M | B | A | L | E | E | A | R | T |
|---|---|---|---|---|---|---|---|---|---|---|
| T | I | I | O | A | R | A | L | T | O | A |
| R | C | X | I | T | F | N | B | A | E | N |
| O | S | E | H | R | X | E | W | M | N | S |
| M | T | M | P | I | A | N | O | L | E | O |
| P | W | G | I | A | O | L | P | B | I | W |
| E | Q | H | K | N | O | S | L | C | L | H |
| T | H | K | O | G | S | F | A | L | E | F |
| T | Q | O | B | L | F | L | U | T | E | A |
| E | V | L | N | E | E | R | E | T | R | I |
| C | X | Y | L | O | P | H | O | N | E | C |

# La partition musicale

## Valse [1]

Moderato [4]　　　　　　　　　　　　　　　　　　　　　　Virginie MOROSAN [2]

[3] Piano　　　p [5]　　　　　　　　　　　　　[6] rit.　　　[7]　pp

Une **partition musicale** contient plusieurs indications dont certaines ont déjà été mentionnées. Voici quelques exemples d'après la courte composition ci-dessus:

1) **Le titre "Valse".** Une valse est une danse ternaire, et souvent écrite avec le chiffrage 3/4.

2) **Le compositeur (ou la compositrice)**

3) **L'instrument**

4) **Le tempo** est une indication de la vitesse à laquelle la pièce doit être jouée.
   Depuis la Renaissance, au 15e siècle, et car l'Italie a joué un rôle très important au cours de l'Histoire de la musique, les indications sont écrites en Italien sur la partition.
   Par exemple, *Allegro* signifie rapide, *Moderato* signifie modéré, *lento* signifie lent.
   Les compositeurs sont également libres d'écrire dans leur propre langue. Mais les indications en italien sont comprises par tous les musiciens quelle que soit leur nationalité.

5) **Les nuances** réfèrent au volume et à l'intensité du son.
   Par exemple *f* (*forte* en italien) signifie fort, *p* (*piano*) signifie doux, *ff* (*fortissimo*) signifie très fort et *pp* (*pianissimo*) signifie très doux. Elles sont écrites sous la portée ou entre deux portées quand celles-ci sont également concernées. Dans cette courte valse, on commence par jouer très doux ou **piano**

(*p*), puis on **diminue** grâce au **soufflet (7)** pour finir très doux ou **pianissimo** (*pp*).

6) **Ritenuto,** abrévié *rit.*, demande de soudainement (et temporairement) ralentir le *tempo*. L'indication **A tempo** met fin au **ritenuto** et marque le retour au tempo précédent. Toute autre indication de **tempo** met fin au **ritenuto**. Ici, on doit jouer de plus en plus lentement jusqu'au retour au début après la **barre de reprise**; et jusqu'à la fin la seconde fois.

7) Les **soufflets** sont placés sous la portée et demandent un changement de **nuance** sur un espace de temps relativement cours. Le soufflet ici utilisé signifie de diminuer jusqu'à très doux ou **pianissimo (*pp*)**.

Voici un autre exemple de l'utilisation de **soufflets.** Ici, on commence assez fort ou **mezzo forte (*mf*)**, puis on augmente progressivement jusqu'au **do** et on diminue progressivement pour jouer *mf* au **la**.

Maintenant, lis cette petite valse en respectant les indications étudiées ci-dessus.

**Regarde** le début d'une composition extraite du recueil de **22 pièces pour piano, 15 solos et 7 quatre-mains**, du même auteur.

# Danse celtique [1]

Virginie Morosan [2]

**Ecris** le nom et une courte définition des éléments de la partition marqués par les nombres:

1) ................................................................................................................................
................................................................................................................................

2) ................................................................................................................................
................................................................................................................................

3) ................................................................................................................................
................................................................................................................................

4) ................................................................................................................................
................................................................................................................................

5) ................................................................................................................................
................................................................................................................................

6) ................................................................................................................................
................................................................................................................................
................................................................................................................................

7) ................................................................................................................................
................................................................................................................................

8) ................................................................................................................................
................................................................................................................................

9) ................................................................................................................................
................................................................................................................................

10) ................................................................................................................................
................................................................................................................................

**Ecris** Le nom et la durée des notes et silences situés au-dessus des nombres suivants:

11) ................................................................................................................................
................................................................................................................................

12) ................................................................................................................................
................................................................................................................................

13) ................................................................................................................................
................................................................................................................................

14) ................................................................................................................................
................................................................................................................................

15) ................................................................................................................................
................................................................................................................................

16) ................................................................................................................................
................................................................................................................................

## Corrigé:

1) Le **titre**: *Danse Celtique,*

2) La **compositrice**: *Virginie Morosan,*

3) Le **tempo** (indique à quelle vitesse doit être jouée la musique) ici *Allegro. Allegro* signifie allègre / gai en italien et indique que l'on doit jouer rapidement. Sur un métronome on choisira une vitesse comprise entre 112 et 160 pulsations par minute.

4) Une **nuance** indique comment l'interprète doit gérer l'intensité sonore. Ici, *mp* signifie *mezzo piano* en italien, soit assez doux.

5) La **clé de sol**.

6) La **clé de fa**.

7) Le **chiffrage**, ici 3/4 indique 3 temps par mesure où le temps est défini par la noire.

8) Une **nuance** *piano*, ici *p*, signifiant doux en italien.

9) Une **liaison d'expression** est indiquée par une ligne courbe englobant les notes d'une mélodie devant être interprétées de façon liée, *legato* en italien.

10) Une **liaison de prolongation** permet de prolonger la valeur d'une note même au-delà de la barre de mesure. Ici la note la doit être jouée 3 temps (1 noire + 1 blanche = 1 + 2 = 3)

11) Ce la, dont la valeur est la noire, dure 1 temps.

12) Ce ré, dont la valeur est la croche, dure ½ temps.

13) Ce la, dont la valeur est la blanche, dure 2 temps.

14) Ce ré, dont la valeur est la double-croche, dure ¼ temps.

15) Un silence qui dure 1 temps.

16) Une pause qui dure 4 temps.

# LE SAVAIS-TU?

L'**orchestre** est un large ensemble instrumental qui contient des sections d'instruments à **cordes** (violon et sa famille, harpe…), **vent** (flûte, clarinette, trompette…) et **percussion** (cymbale, triangle, xylophone…).

Les vents sont divisés en deux sections: les **cuivres** (trompette, tuba, trombone…) et les **bois** (flute, clarinette, basson…). Donc, au total, l'orchestre est composé de **quatre sections** d'instruments. D'autres instruments (comme le **piano**) peuvent parfois être regroupés dans une **cinquième section** (la section des claviers par exemple) ou être rajoutés **seuls** à l'orchestre.

Le **chef d'orchestre** dirige l'orchestre et communique son interprétation de la musique aux instrumentistes, notamment en bougeant sa baguette ou ses bras.

La photo suivante présente l'**Orchestre Philharmonique de Jalisco** (Guadalajara, Jalisco, Mexique). Au premier plan, tu vois très bien la section des cordes et le chef d'orchestre. Remarque l'orgue électrique devant. Sur la gauche, il y a un piano à queue, une harpe et des timbales. A l'arrière-plan, il y a la section des vents.

Regarde attentivement la section des cordes. Les violons sont à gauche et les altos au milieu. Sur la droite du chef d'orchestre, tu peux voir les violoncelles et, à l'arrière, les grandes contrebasses.

Pedro Sánchez

La photo suivante présente l'Orchestre Philharmonique de Dublin. Au fond de la scène tu peux voir les tuyaux d'un gigantesque orgue !

Derek Gleeson

**Complète** la description suivante en utilisant les mots:
percussions, chef d'orchestre, cuivres, orchestre, cordes, bois (2).

Sur le devant de la scène, je peux voir le …….………………………… diriger

l'…………………. Au premier plan, il y a la section des …………………………..

Ensuite, se trouve la section des …………………………. Puis, à droite et à gauche

des ……………….……. se trouvent la section des …………………………...

A l'arrière se trouve la section des …………………………………

# A TOI DE JOUER!

**Regarde** cet instrument. C'est une **trompette**. On en joue en soufflant de l'air les lèvres serrées, produisant ainsi le son spécifique de la trompette qui commence avec la vibration de la colonne d'air à l'intérieur de l'instrument.

Quel type d'instrument est-ce?

La …………………… est un instrument …………………………...

**Colorie** cette trompette et amuse-toi !

## Bravo !

Te voilà arrivé(e) à la fin de ton cahier, tu as appris, tout en t'amusant, beaucoup de nouvelles choses à propos de la musique ! Tu as maintenant de bonnes bases qui t'aideront à poursuivre ton voyage musical. Si tu as des questions ou si tu souhaites découvrir d'autres livres sur la musique, je t'invite, toi, tes parents et/ou ton tuteur sur notre site internet www.andantino.weebly.com.

## A bientôt !

L'auteur

# Du même auteur

**Méthode de piano,** *pour débutants* **– 18,21 €**
**ISBN: 978-1515244462**               **- 145 pages**

Découvrez une nouvelle méthode de piano, accessible et complète!
Vous progresserez sans difficultés grâce à des pièces musicales spécifiquement composées par l'auteur. Ainsi, vous explorerez un univers musical riche et varié: exercices, études, morceaux, chansons, compositions pour quatre-mains et duo avec violon. Différents styles sont abordés: classique, jazz, traditionnel et contemporain.
Dans l'introduction, les conseils de l'auteur guideront votre apprentissage. Les chapitres en annexe proposent une initiation à l'histoire du piano, la théorie de la musique et la tonalité.
Grâce à ce manuel, Virginie Morosan, pianiste et compositrice française, partage plus de 20 années d'expérience dans le domaine pédagogique.

**15 chansons pour enfant,** *avec accompagnement au piano* **– 20 €**
**ISBN: 978-1515274551**               **- 97 pages**

Ce livre présente 15 chansons originales pour les enfants. Les thèmes abordés (famille, contes, voyage, animaux, arts, mathématiques, géographie ...) permettent d'apprendre avec plaisir la musique et bien davantage. Chanter est éducatif et ludique grâce à un accompagnement au piano accessible. De belles illustrations font écho à l'univers joyeux et créatif de l'enfance dont s'est inspiré l'auteur.
Ce recueil peut être utilisé dans un cadre familial ou pédagogique. Son répertoire diversifié enchantera petits et grands !

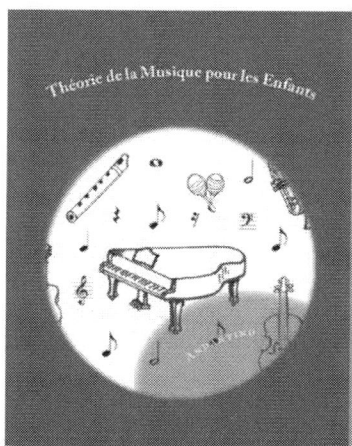

**Théorie de la Musique pour les Enfants – 13,26 €**
**ISBN: 978-1517418021**               **- 96 pages**

A travers des ACTIVITES et des JEUX, les enfants apprennent la théorie de la musique avec PLAISIR!
Toutes les notions de bases sont traitées: clé de sol, clé de fa, altérations, rythme, gammes, chansons, oreille musicale, instruments ainsi que la partition musicale dans son ensemble.
Grâce à 20 années d'expérience dans le domaine pédagogique, Virginie Morosan réalise des leçons très accessibles enrichies d'activités et de jeux amusants. Ainsi, les enfants comprennent et mémorisent facilement chaque notion étudiée. LA MUSIQUE, C'EST FACILE!

**22 pièces pour piano,** *15 solos & 7 quatre-mains* **– 13,71 €**
**ISBN: 978-1515137818** **- 76 pages**

Grâce à ces 22 compositions pour piano, nous découvrons un univers original, coloré et accessible.
Virginie Morosan, pianiste et compositrice, offre son expérience créatrice et pédagogique à travers un répertoire contemporain riche et varié.
Invitation au voyage en solo ou en duo...

Niveau: facile à difficile

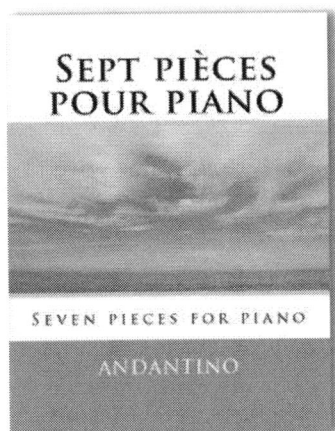

**Sept pièces pour piano – 10,68 €**
**ISBN: 978-1516847211 - 60 pages**

Les pièces présentées ici reflètent le style à la fois éclectique et singulier de l'auteur. Chaque composition, au titre évocateur, est une invitation à découvrir un univers riche et original.

Inclus:

Mer - Amnésie - Neige - Progression - Ballade
Souvenirs de Bucovina I & II

*Prix valables à la date du 1er janvier 2016*

# Egalement disponible

**Cerf-volant,** pour violon et piano

**Trois esquisses,** pour quatuor à cordes

Tous ces livres sont de format *US letter* (21,6 x 27,9 cm) et disponibles en éditions anglaises et françaises. Pour davantage d'information, nous vous invitons à visiter notre site internet:

**www.andantino.weebly.com**

**Extraits de livres:**

**15 chansons pour enfants**
Avec accompagnement au piano
*Edition couleur*

&

**Méthode de piano**
Pour débutants
*Edition noir & blanc*

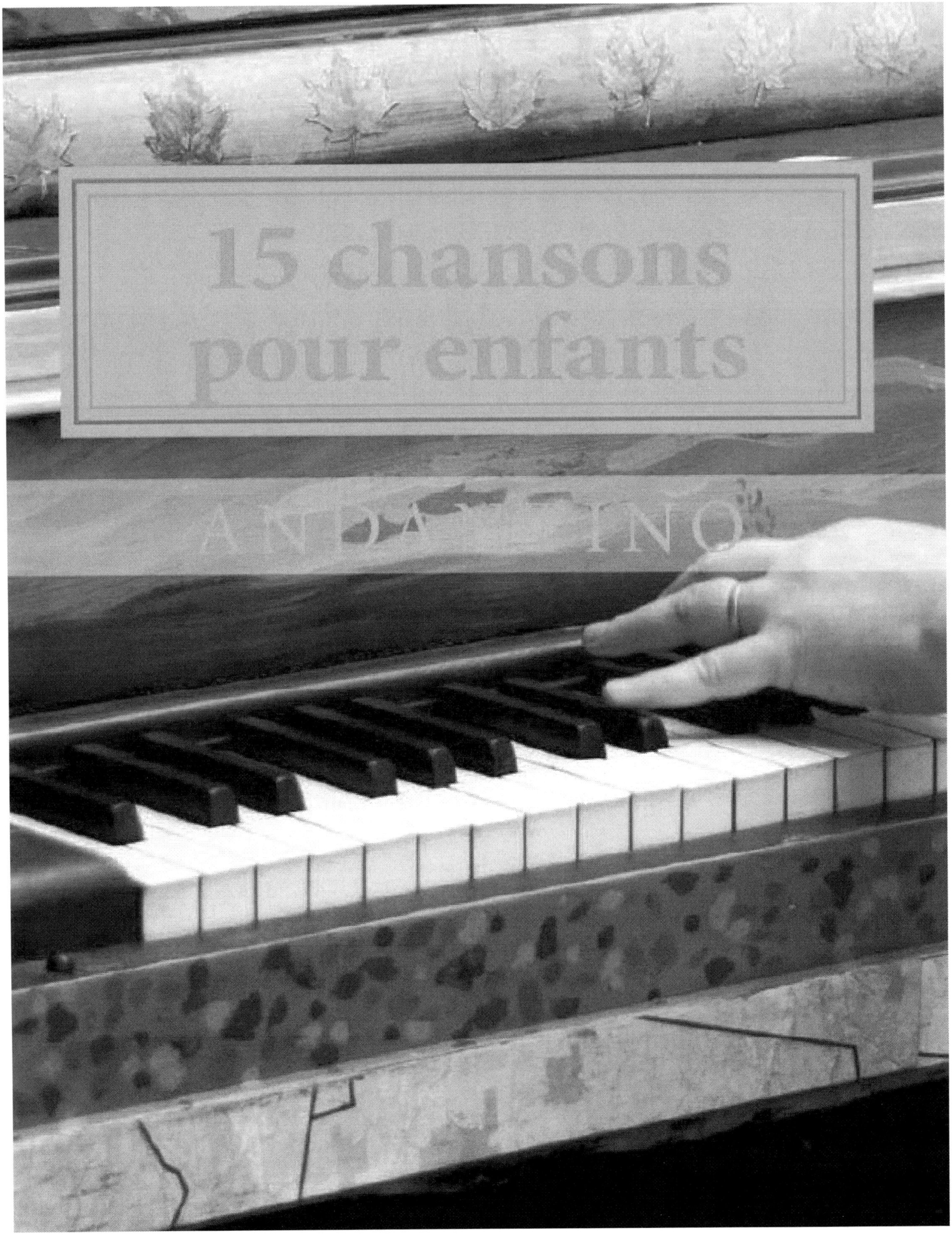
15 chansons
pour enfants

# Virginie Morosan

Texte et musique

# 15 CHANSONS POUR ENFANTS

AVEC ACCOMPAGNEMENT AU PIANO

ANDANTINO

# Sommaire

*A mes enfants, Ahokas et Eden,*

*Qui m'ont inspiré chacune de ces chansons*

*Et ont orné ce livre de belles illustrations.*

*En souvenir des bons moments passés en famille au piano,*

*Puisse chaque utilisateur de cet ouvrage en faire autant !*

Ahokas M..

7

# Le blues de la cigogne

Je suis née cigogne
Au bec affûté
Pour peu que j'me cogne
Dans la cheminée
A peine arrivée
Il faut repartir
Oui c'est décidé
Va falloir y'aller! Mais
comment ça va finir?

Refrain:
J'ai le blues, j'ai le blues de la cigogne! x 2
Mon cœur bat la chamade!
Où sont mes camarades?
J'ai le blues, j'ai le blues de la cigogne!

L'hiver frappe à ma porte
'Faut faire mes bagages!
Mais serai-je assez forte
Pour voler vers d'autres paysages?
A peine arrivée
Il faut repartir
Oui c'est décidé
Va falloir y'aller!
Mais comment ça va finir?

Refrain

Alors je regarde le ciel,
Aux mille couleurs merveilles,
Des douceurs de miel.
Je crois en d'autres soleils!

# Le blues de la cigogne

Virginie Morosan

Ternaire ♩ = 100

suis née ci - gogne     Au     bec af - fû - té     Pour  peu que j'me cogne     Dans

le che-mi-née     A peine ar - ri - vée     Il    faut re-par-tir     Oui c'est dé-ci-dé

# Le blues de la cigogne

Va fal - loir y'al - ler     Mais com - ment ça va fi - nir?____

J'ai le blues, j'ai le blues____ ou - ou     de la ci-gogne!

J'ai le blues j'ai le blues_____ de la ci_gogne!     Mon coeur bat la cha-made!

Où     sont mes ca - ma-rades?     J'ai le blues____ ou - ou     de la ci-gogne! L'hi-

# Le blues de la cigogne

Ch. / Pno.

ver frappe à ma porte  'faut faire mes ba-gages  Mais se-rai'je as-sez forte  Pour vo-ler

vers d'au-tres pa - y-sages?  A peine ar-ri-vée  Il faut re-par-tir  Oui c'est dé-ci-dé

Va fal - loir y'al-ler  Mais com - ment ça va fi - nir?_____

J'ai le blues, j'ai le blues___ ou-ou  de la ci-gogne!

11

# Méthode de Piano
## Pour débutants

Andantino

# Virginie Morosan

# Méthode d'apprentissage du piano

# ANDANTINO

# Sommaire

# Présentation

**L' auteur:**

La pianiste française, Virginie MOROSAN, est diplômée de conservatoires et écoles nationales de musiques parisiennes ainsi que de l'université de Paris Sorbonne. Depuis 1997 elle exerce en tant que pédagogue, concertiste et compositrice.

Après avoir enseigné au sein des écoles de musique de Paris (France), elle développe le projet ANDANTINO afin de promouvoir la musique, notamment par l'enseignement, la création d'oeuvres originales et de concerts. Elle étend ensuite son projet en Roumanie, puis en Floride (USA) depuis 2013.

A des fins pédagogiques, elle a composé un recueil de 22 pièces pour piano dont 15 solos et 7 quatre mains, 15 chansons pour enfants, un livre d'activités intitulé « La théorie de la musique pour les enfants » et cette méthode de piano pour débutant.

**La méthode :**

Cette méthode est destinée aux élèves débutant au piano, enfant ou adulte. Elle est un support d'apprentissage complet grâce auquel l'élève se formera des connaissances pianistiques et musicales solides, et pourra ensuite aborder les premières petites pièces du répertoire pianistique. Les compositions, aux sources d'inspiration variées, du baroque à nos jours, en passant par le jazz, le folklore ou la musique contemporaine, offriront un large horizon musical. Cet ouvrage résulte de plus de 20 années d'expérience dans le domaine de la pédagogie du piano.

Ce recueil propose en première partie des exercices et petites études très simples permettant de réaliser ses premiers pas au clavier sans difficulté. D'abord, on apprend littéralement à "marcher avec ses doigts" sur le clavier grâce aux mouvements de notes conjointes. Rapidement, l'élève sera capable de jouer des deux mains simultanément au cours notamment des exercices en mouvement opposé, les mains exécutant les mêmes mouvements. Les exercices peuvent être accompagnés par le professeur, il suffit d'octavier* la partie de l'élève. Certains exercices sont ainsi présentés.

La seconde partie contient des morceaux et études à difficulté croissante, inspirées des musiques du passé, proche ou lointain, ainsi que des musiques actuelles. A travers leur étude, l'élève se construira un éventail d'outils pianistiques indispensables. Guidé par le professeur, il sera capable de lire, comprendre et interpréter l'ensemble des indications portées sur la partition telles le phrasé*, le rythme, les nuances*, le tempo*, ou encore le caractère* du dit morceau.

La dernière partie propose quelques pièces de musique de chambre, c'est-à-dire composées pour un petit groupe de musiciens. Ici l'effectif ne dépassera pas celui du duo. Autour de pièces pour quatre mains, chanson ou duo violon/piano, l'élève pourra partager ses goûts et compétences musicales avec des musiciens de son entourage et de son niveau.

En introduction, les conseils de l'auteur aideront l'étudiant au cours de son apprentissage: découverte du piano, tenue au clavier, guide de travail...

En annexe, le premier chapitre présente le piano, sa constitution et son histoire. Le second chapitre est consacré à la théorie musicale. Le troisième chapitre introduit à la tonalité, aux gammes et arpèges* principaux des 24 tonalités. Enfin, un glossaire permettra à l'élève de construire ou d'enrichir son vocabulaire musical. Les termes musicaux composant le glossaire seront marqués d'un astérix (*) tout au long du recueil. Ces parties annexées ne sont pas exhaustives et ne peuvent remplacer des cours de formation musicale, d'harmonie ou d'histoire de la musique. Elles sont simplement un support pédagogique complémentaire à la pratique instrumentale, et stimuleront certainement la curiosité de l'élève.

Les dernières pages comportent une bibliographie commentée, outil utile à de plus amples recherches.

# Introduction

## I. DECOUVERTE DU PIANO

### A. L'INSTRUMENT

Le premier contact avec la musique pour piano peut avoir lieu de nombreuses et différentes façons : écoute musicale (radio ou CD), concert, rencontre avec des musiciens ou des passionnés, influences diverses… Le professeur doit donc tenir compte de l'âge, de la personnalité, mais aussi de la culture musicale de l'élève. D'autre part, il est recommandé d'étudier l'histoire du piano, mais également la mécanique et l'acoustique de l'instrument. Ainsi l'élève prend conscience de l'instrument dans son ensemble et de l'incidence du toucher et de sa technique de jeu sur la musique qu'il cherchera à créer. C'est pourquoi cet ouvrage contient en annexe un chapitre entièrement consacré à l'instrument piano et son histoire. De nombreuses autres informations et illustrations sont disponibles dans des livres spécialisés ou sur Internet, la bibliographie se révélera être un outil de recherche profitable.

### B. LE CLAVIER

Pour le piano à queue comme pour le piano droit, le clavier est composé de touches blanches et noires, pour un total de 88 touches réparties sur 7 octaves 1/3. Les pianos anciens ou les pianos droits d'étude sont parfois plus courts de quelques touches.

Le clavier est, pour le débutant, l'élément le plus évident de l'instrument. Mais il ne faut pas perdre de vue que c'est de la qualité du toucher et de l'énergie transmise aux touches dont dépend la qualité du son. Il s'agit alors de la mise en action de la mécanique entière de l'instrument.

Aussi le premier contact au clavier doit être dépourvu de tension et de crispation, on laisse « tomber » ses doigts sur les touches, dans la position la plus naturelle possible, à savoir la position arrondie de la main au repos.

Les premiers repères au clavier se dessinent alors : la répartition des touches noires par groupes de deux puis de trois, la succession des octaves*… L'élève repère facilement la position de la note DO, touche blanche devant les deux touches noires, puis la note FA, par exemple, touche blanche précédant les trois touches noires. Les autres notes sont alors facilement identifiées. Ensuite, il pourra se familiariser avec les registres* grave, moyen puis aigu du piano, de la gauche à la droite du clavier. Quantité de petits jeux peuvent aider les élèves les plus jeunes à découvrir le clavier : trouver tous les DO du clavier, par exemple ; assimiler certains registres* aux voix des membres de la famille ou à celles d'animaux ; ou encore rechercher le DO le plus grave, celui le plus aigu… Les élèves ont ainsi une première approche ludique et stimulante.

Il est de toute manière important d'établir ses premiers repères. Au fur et à mesure des leçons et de la pratique instrumentale, il deviendra aisé pour l'élève de se situer sur le clavier.

## II. POSITION AU CLAVIER

L'élève doit adopter une bonne position au clavier. A l'aide d'un siège réglable en hauteur, il s'assiéra de manière à ce que ses doigts touchent le clavier lorsque ses bras, relâchés, sont en position verticale, ses avant-bras en position horizontale, formant ainsi un angle droit. Dans la continuité de ses avant-bras, ses poignets souples, ses mains arrondies permettent aux doigts de s'enfoncer dans les touches du clavier, tout à fait naturellement. Cette position des membres supérieurs détermine la hauteur du siège. Elle ne doit pas être figée bien entendu, car il faut toujours travailler au piano en souplesse, sans tension. Quant à la distance au piano, l'instrumentiste doit pouvoir croiser ses bras face à lui sans difficulté, la main droite jouant dans le registre* grave, et la gauche dans le registre* aigu.

La position du dos doit être verticale, le dos relâché et droit, les épaules également relâchées. C'est une bonne position de départ. Par la suite, l'inclinaison légère du buste vers l'avant pourra aider à jouer dans la profondeur du clavier. Certains pianistes utilisent à cet effet des sièges ergonomiques inclinés vers l'avant.

La main sur le clavier doit être arrondie, tout à fait naturellement. Il suffit de relâcher sa main pour s'en rendre compte. Dans cette position, les doigts sur le clavier sont arrondis, à l'exception du pouce qui joue sur la partie extérieure. L'appui au clavier est situé sur la partie arrondie du bout des doigts, hormis le pouce évidemment. Le poignet doit être souple, les bras sans tension, le dos relâché, les jambes parallèles, non croisées. Elles seront ultérieurement sollicitées aux pédales. Voici la position de référence pour commencer à jouer au piano.

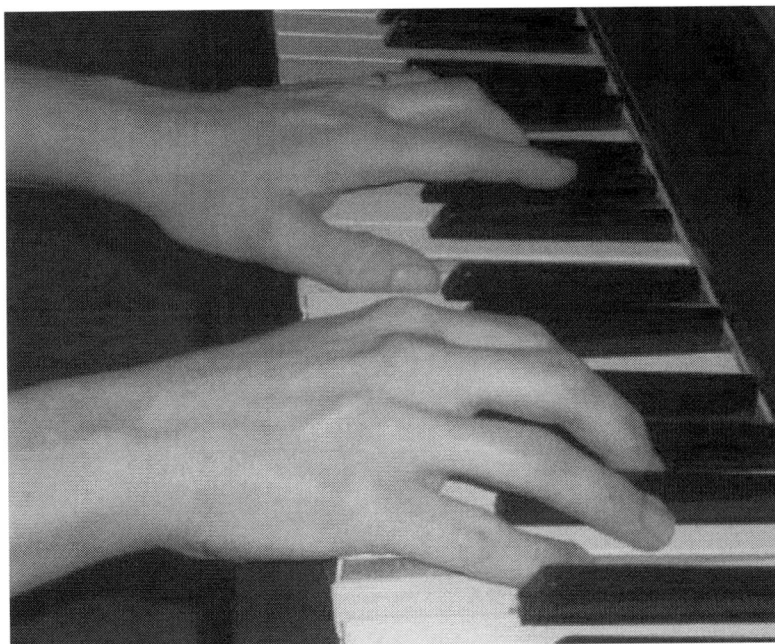

**Figure 1: Mains adultes au piano.**

Chez les enfants, les muscles de la main ne sont pas encore développés suffisamment; quant aux adultes, ils adoptent parfois une position trop rigide de la main. Ces situations conduisent en général à creuser la main, « casser » le poignet, crisper les bras, les épaules et les muscles dorsaux. Il faut alors encourager l'élève à jouer sans tension, tout en souplesse, les positions et mouvements les plus naturels. La bonne position de la main chez les enfants s'acquiert progressivement, parallèlement au développement des muscles de la main et des doigts. Ces muscles sont peu sollicités au quotidien, surtout au niveau du 4e et 5e doigt. La photo suivant présente un jeune pianiste adoptant la position arrondie de la main.

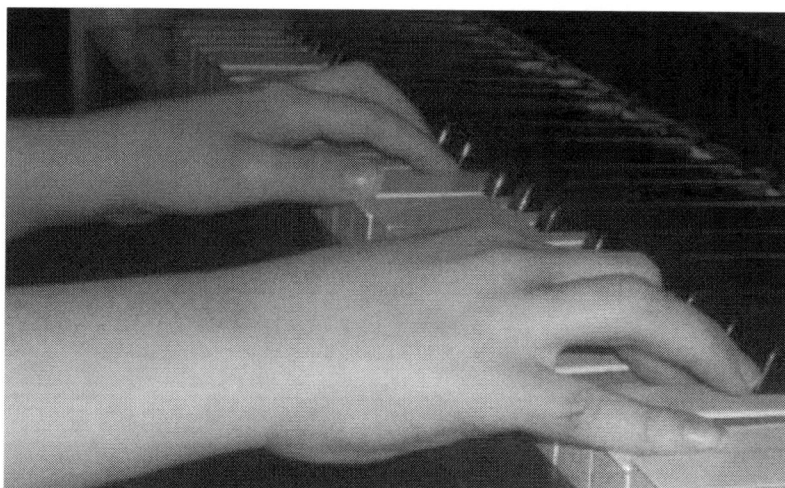

**Figure 2: Mains d'enfant au piano.**

## III. PREMIERS PAS AU CLAVIER :

### Au cours du recueil :

Ce recueil est organisé en trois parties, les pièces musicales proposées sont de difficulté progressive.

Les exercices proposés dans la première partie sont axés sur le *legato\** et constitués de petites lignes mélodiques de notes conjointes. Il s'agit en effet d'apprendre à « marcher » sur le clavier, prendre conscience du transfert simple du poids d'une touche vers sa voisine. On passe d'une note à l'autre, d'une touche à l'autre sans perdre contact avec le clavier. C'est le *legato\**, le jeu lié, qui permet de prendre ses premiers appuis au clavier. Les mouvements des mains sont parallèles ou opposés, ce qui permettra de jouer rapidement les mains ensemble. Ensuite des intervalles\* plus grands peuvent être abordés, la main se balançant légèrement d'un doigt à l'autre, d'une touche à l'autre sans difficulté grâce à un poignet bien souple. L'indépendance des mains et leurs déplacements sur le clavier, ou encore le jeu *staccato\**, c'est dire « piqué » ou détaché, seront étudiés seulement ensuite. Certains exercices sont présentés à quatre mains. Cependant, la plupart des exercices peuvent être accompagnés par le professeur, il suffira d'octavier\* la partie de l'élève.

La seconde partie contient des exercices, études et chansons par lesquels seront abordés de nouveaux éléments tels les accords\* et arpèges\*, les nuances\*, l'interprétation\* de différents caractères\* ou tempo\*, la lecture et la compréhension de la partition dans son ensemble… L'apprenti pianiste développera progressivement ses qualités d'interprète.

La troisième partie proposera à l'élève de réinvestir ses connaissances pianistiques dans le cadre de petites pièces musicales en duo. Ce sera alors l'occasion de partager des moments musicaux avec des musiciens du même niveau, de perfectionner le sens de l'écoute, du respect de la pulsation\* et du rythme, d'accompagner ou d'être accompagné… En d'autres mots de créer un œuvre musicale à deux.

**Le doigté:**
Le doigté utilisé pour le piano est le suivant:

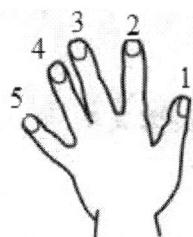 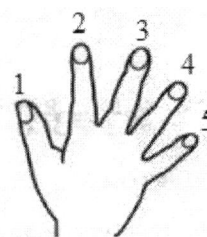

MAIN GAUCHE    MAIN DROITE

Le premier doigt est toujours le pouce.
Sur la partition le doigté est indiqué au-dessus ou en-dessous de la figure de note. Ceci permet de spécifier le doigt avec lequel la note doit être jouée.

**Chanter au piano :**
Il est conseillé de chanter tout ce qui est joué au piano, au début avec l'aide du professeur, ensuite à partir de la lecture de la partition. Ainsi on favorise l'écoute, le développement de l'oreille, on donne vie à la partition en elle-même. Parallèlement au chant vocal, il est plus facile de faire chanter le piano, ce qui n'est pas forcément évident au début pour cet instrument à percussion. Cependant le piano est capable du *bel canto**, autant que de percussion. Le déchiffrage de la partition s'effectue les mains séparées, le débutant peut alors chanter aisément chaque voix. Il est effectivement plus difficile de chanter chaque ligne musicale lorsque les mains ne jouent pas les mêmes notes.
Certains élèves n'aiment pas, ne veulent pas ou ne peuvent pas chanter. Il est possible pour chacun de chanter juste (sauf contre-indication médicale). On peut faire chanter l'élève bouche fermée en résonance* avec la vibration d'une note. Grâce aux propriétés acoustiques et au phénomène de résonance*, il est naturellement plus simple de commencer à chanter ainsi.

**Le rythme :**
Les premières pages comportent des rythmes et chiffrages très simples. Les premiers exercices sont à quatre temps, quatre pulsations* par mesure* qu'il faut faire ressentir au pianiste débutant. Le rythme structure l'œuvre musicale et n'est pas à négliger. L'élève pourra respecter la pulsation* et les formules rythmiques données, surtout lors d'un travail lent et sans tension. La vélocité* d'exécution s'obtient naturellement une fois la partition connue, les difficultés surmontées. Il faut pour cela veiller à ne pas entretenir de tensions, de crispations autrement dit de « blocage » chez l'élève.
Des exercices à quatre mains sont proposés parmi les premières pages. Chacun des exercices de la première partie de l'ouvrage peuvent être aisément accompagnés par le professeur en octaviant si nécessaire la partie de l'élève. En jouant ainsi à quatre mains, l'élève prend conscience de l'importance du rythme et du respect de la pulsation*. Il commence également à interpréter les petites mélodies, porté par l'accompagnement, jouant, par exemple, *crescendo** vers l'aigu ou *descrendo** lors des traits descendants, ou encore en ralentissant à la fin.

Printed in Poland
by Amazon Fulfillment
Poland Sp. z o.o., Wrocław